NAS ENTRELINHAS DO HORIZONTE

NAS ENTRELINHAS DO HORIZONTE

Editor **Gustavo Guertler**
Produção editorial **Marcele Brusa Maciel**
Revisão **Tiago Vinícius Cidade, Marcele Brusa Maciel e Gustavo Guertler**
Projeto gráfico **Melissa Mattos**
Tratamento de imagens **Anderson Fochesato**
Fotos **Eurico Salis**

[2012]

Editora Belas-Letras Ltda.
Rua Coronel Camisão, 167
CEP 95020-420 – Caxias do Sul – RS
www.belasletras.com.br

Site ENGENHEIROS DO HAWAII
www.engenheirosdohawaii.com.br
desde 09.03.1996

Site POUCA VOGAL
www.poucavogal.com.br
desde 11.09.2008

Twitter Humberto Gessinger
www.twitter.com/1bertogessinger

Dados Internacionais de Catalogação na Fonte (CIP)
Biblioteca Pública Municipal Caxias do Sul, RS

G392 Gessinger, Humberto
Nas entrelinhas do horizonte / Humberto Gessinger. Caxias do Sul, RS : Belas-Letras, 2012.
160 p., 21 cm.

ISBN: 978-85-60174-95-9

1. Crônicas brasileiras. 2. Literatura brasileira. I. Título.

CDU 869.0(81)-92

Catalogação elaborada por
Cássio Felipe Immig, CRB-10/1852

NAS ENTRELINHAS DO HORIZONTE

O
DIA EM
QUE DEIXEI
DE SER
CRIANÇA

É IMPOSSÍVEL REPETIR O QUE SÓ ACONTECE UMA VEZ
É IMPOSSÍVEL REPRIMIR O QUE ACONTECE TODA VEZ QUE ALGUÉM ACORDA

(*) Vira e mexe a gente deixa de ser criança. Sempre parece irreversível. Arde nos olhos a fumaça da ponte queimada assim que chegamos à outra margem. Irretornável. Impossível colocar a pasta de dentes de volta no tubo. Eu poderia fazer uma lista das vezes em que deixei de ser criança.

Uma lista? Ops, então a estrada tem volta! Mas deve ser uma curva tão longa que parece reta, pois a gente nem sente.

Aprendi a ter paciência regando a horta que tínhamos na casa da minha infância. Se a mangueira fazia uma curva muito fechada, ela dobrava, interrompendo o fluxo da água. Às vezes é bom, é o que se quer. Às vezes é necessário paciência, uma curva longa. Tão longa que parece reta, a gente nem sente.

Será verdade que, como dizem, se colocarmos um sapo numa panela e subirmos lentamente a temperatura da água, ele fica ali até morrer, sem sentir a mudança gradual da temperatura? Ele obviamente daria um jeito de escapar se o jogássemos na água fervendo. Alguém já fez essa experiência? Duvido... Duvido que um sapo tenha tanta paciência.

Deixamos de ser crianças quando descobrimos que, todos e para sempre, andamos em círculos. Voltamos a ser crianças quando notamos que nem todos os círculos têm o mesmo raio. É possível andar em círculos tão grandes que sua curvatura, de tão longa, parece uma reta.

Não pense num bambolê jogado ao chão. Imagine uma espiral de caderno, onde o fim de cada volta não significa a volta ao início. Não faz sentido sofrer querendo ser aquela criança primeira, original. O lance é ser a criança que podemos ser. Sonhos que podemos ter.

(*) Deixei de ser criança quando vi, pela primeira vez, a parte de baixo de um automóvel. A bola passou por este desatento goleiro e rolou, rolou, rolou e ficou presa sob o Opala do meu pai. Que surpresa: ali o carro perdia sua cor, a lataria não continuava. Nos meus carrinhos de plástico não era assim; se o carro era azul ou vermelho, seguia azul ou vermelho na parte de baixo. A noção de que a cor era só a cobertura do bolo, e não o bolo em si, era estranha. A ideia de que um carro não era feito para ser visto por baixo não fazia sentido para um guri que vivia capotando suas miniaturas de plástico. Coisa de adulto.

(*) Sempre que deixei de ser criança, voltei a ser. E como é bom voltar às delícias e aos medos da infância! Tenho, desde sempre, medo de gente muito espontânea e de uniformes. Coisas opostas. Seria bom que se excluíssem, que uma anulasse a outra. De um lado, as pessoas chiliquentas, que nos tocam demais enquanto falam demais, alto demais; o bêbado que chora depois da sobremesa. Do outro lado, policiais, garçons, aeromoças e metaleiros de meia-idade. Uniformizados. O uniforme é sempre do time adversário. O nosso, não enxergamos, pois raramente a vida oferece espelhos.

(*) Deixei de ser criança assistindo ao milionésimo episódio de Batman, quando saquei um padrão, uma sequência que se repetia. A dupla dinâmica sempre se ferrava na mesma hora, era presa da mesma forma inescapável antes do mesmo intervalo. E conseguia dar a volta por cima antes do mesmo final. Tudo cronometricamente igual!

Por que Pinguim, Charada e Mulher Gato bolavam maneiras tão estapafúrdias e morosas para eliminar o Homem Morcego e o Menino Prodígio? Para dar sorte ao azar? Não fazia sentido. Decerto pelo prazer burocrático de seguir rigorosamente o padrão. Se eu não tivesse sido criança durante a ditadura, talvez alguém me explicasse que aquilo que os vilões faziam era tortura.

Pra fechar o episódio, Bruce Wayne e seu mordomo, Alfred, trocavam algumas piadinhas. Sempre na mesma hora, no mesmo tom. A tal "mesma bat-hora, mesmo bat-canal" não aparecia só no anúncio do episódio seguinte; impregnava todo o seriado. Um dia, caiu a ficha... eu já não era criança.

Um padrão é algo fascinante. Desafia e resiste bravamente ao universo de coisas aleatórias que nos cerca. É maravilhoso ver funcionar o mecanismo de um relógio. A previsibilidade nos tranquiliza e, só assim, descansamos em paz. Pena que aconteça só na tela, essa janela onde o sol sempre brilha e o risco é calculado. Vídeo-guerra, vídeo-reino-dos-céus.

O desencanto se espalhou para outras séries e desenhos animados: Corrida Maluca, Speed Racer, Zorro, Rin Tin Tin... Todos seguiam um padrão.

Eu deveria ter desconfiado quando notei, em alguns desenhos animados que, quando o personagem corria, na verdade, estava parado: era a paisagem ao fundo que se movia num *loop*. Fruto da pressa de algum estúdio ou da preguiça de algum desenhista. Assim, até é bom deixar de ser criança. Não seria legal se, na vida real, as pessoas falassem com o corpo inteiramente imóvel mexendo só a boca, como também era comum em alguns desenhos.

Ainda bem que não foi a mão preguiçosa de algum desenhista nem a afobação de algum estúdio que nos criou. Quando andamos, nós é que nos movemos, o fundo fica parado. Quando falamos, não é só a boca que se move. Ok, às vezes é da boca pra fora... Mas, quando interessa, é de corpo e alma. Até os ossos!

(*) Da TV para as telas de cinema: os filmes também tinham um padrão. Saudei como uma revelação a noite em que a vida chutou a porta e implodiu o padrão. Era Ano-novo, ou Natal, já não lembro. Uma dessas noites em que o certo é estar em casa, acompanhado. Eu estava sozinho, num cinema. Quem teve a genial ideia de fazer uma sessão na hora em que um ano vira outro (ou em que o bom velhinho desce pela chaminé) deve ter pensado em perdedores solitários. A julgar pela sala vazia, não havia perdedores em Porto Alegre. Eu era o "solitário solitário" no cinema.

Bristol? Baltimore? Confesso que, além da data, também já confundo os nomes... Cinemas de rua, que não existem mais. Uma sala ficava em cima da outra, com isolamento acústico precário. Víamos um filme, ouvíamos dois. Estávamos lá, eu e minha circunstância. Mais ninguém. Talvez um cara para cuidar da projeção, que devia ser o mesmo que me vendeu a entrada. Meia-entrada. Até então eu era criança.

A cópia que estava sendo projetada de um show do AC/DC era cheia de cortes e saltos abruptos. Os solos do Angus Young pareciam música dodecafônica tocada por um rinoceronte sofrendo um ataque epiléptico. Fui gradualmente me desinteressando, tirando os olhos da tela e observando a dança de luz e sombra que tomava conta da sala. No teto, nas paredes, nas poltronas, claro e escuro se revezavam ao ritmo da música.

Sempre me surpreendeu que não se visse o cinema também dessa forma: um balé de luz e sombra, abstrato, independente de narrativa. Quando a gente chega atrasado num filme, assiste a melhor cena: um bando de gente sentada olhando com a mesma cara para o mesmo ponto. Rostos transformados por luz e sombra. Estava pensando nisso quando... PUTA QUE PARIU! Vi, no braço da poltrona ao meu lado, um enorme rato. Adoraria dizer que era o Mickey, mas, não. Também não era a Ratazana do Günter Grass.

Saí do cinema, já não era criança. Já era outro ano (ou o Papai Noel já tinha liberado suas renas para tomar umas depois do trabalho? Natal ou Ano-Novo? Já não lembro...). *Let There Be Rock* (o filme) havia se transformado em *Let There Be Rat* (a vida) ou *Let There Be Light* (o fim da noite escura da alma). Certo é que algo havia mudado.

Deixando para trás os cartazes na fachada do cinema, tentei calcular para quantas pessoas AC/DC significava "corrente alternada/corrente contínua" e quantas liam "antes e depois de Cristo". Desisti. Tentei calcular com quantos passos eu percorria uma quadra. Desisti. Tentei calcular quantas pessoas caminhavam ao meu lado na Oswaldo Aranha. Nenhuma.

(*) Voltei a ser criança alguns anos depois, novamente sozinho, novamente acompanhado de uma banda de rock'n roll. Era véspera de carnaval. Nós porto-alegrenses fugimos histericamente da capital a cada fim de semana do nosso abafado verão. Rumo a praias que, se não são muito atrativas, ao menos são nossas e são praias. No feriadão de carnaval, a histeria é epidêmica. Para não abandonar o barco da capital embarcando na nau insana que ruma ao litoral, há que ter fortes justificativas. Os questionamentos e a estranheza serão severos para quem fica.

Sem fortes justificativas, eu fiquei. Subi caminhando a avenida no contrafluxo que leva à *free-way*, que leva ao fim de semana. Meu destino: um supermercado onde eu iria comprar discos. Sim, havia discos naqueles dias. Sim, eram vendidos em supermercado. Comprei toda a coleção do Iron Maiden. Não era uma banda significativa para mim. Estava acostumado a ouvir coisas mais sérias. Comprei mesmo para descerebrar. E celebrar. Afinal, era carnaval. E foi um ótimo carnaval.

(*) Na minha discografia, deixar de ser criança deixou suas marcas no A REVOLTA DOS DÂNDIS e no OUÇA O QUE EU DIGO NÃO OUÇA NINGUÉM. A arquetípica mãe de *Terra de Gigantes* e as nuvens que já não são de algodão em *Somos Quem Podemos Ser* estão aí para confirmar. Nem mentir eu posso; minhas músicas não deixam.

Hey, mãe, por mais que a gente cresça, há sempre alguma coisa que a gente não consegue entender. Enquanto não descobrir se a *Cinnamon Girl* do Neil Young é a Gabriela Cravo e Canela do Jorge Amado, serei criança.

(*) Quando Johnny Rotten apareceu com a camiseta *I Hate Pink Floyd,* em 76, colocando minha espécie favorita, o rock progressivo, em risco de extinção, deixei de ser criança.

Anos depois, com a chegada do meu primeiro iPod, confirmei minhas suspeitas. O aparelhinho, que transformaria a forma de ouvir música, não conseguia reproduzir as longas faixas ligadas, características do rock progressivo. Rolava um *gap* entre elas, um breve e irritante corte no áudio.

Qual o motivo para as músicas serem separadas de forma tão tacanha, a facão? Com toda a tecnologia envolvida, o motivo não parecia ser técnico.

Seria pretensioso demais dizer que era um motivo ideológico. Na real, os caras não devem ter imaginado que ainda havia vida além dos três minutos. Julgaram extintos os raros espécimes ouvintes de rock progressivo.

(*) Deixei de ser criança quando descobri que Roger Waters, a cabeça do Pink Floyd, era defensor da caça como esporte. Voltei a ser criança nos primeiros acordes de *Julia Dream*.

Jim Gordon, o baterista autor da suave parte instrumental da canção Layla (aquela do Eric Clapton) matou a própria mãe. Um triste caso extremo de desequilíbrio psíquico. Não lembro como voltei a ser criança depois desta. Lembro que demorou.

Criancice acreditar que a excelência artística ou profissional espelha qualidades morais ou éticas, né? Por vezes elas se contrapõem, como flores que nascem no lodo. Uma pérola nasce como defesa da ostra a um organismo estranho que entrou na concha. A ostra deve achar muito estranho que a gente dê valor estético àquilo.

(*) Não me lembro o que fui fazer na minha primeira visita aos escritórios da gravadora RCA, no Rio de Janeiro. Devia haver algum motivo importante, pois socializar nunca foi meu forte. Talvez, combinar uma agenda de divulgação, marcar hora no estúdio... realmente não lembro. Só ficaram na memória três imagens: o célebre cachorrinho ouvindo gramofone, símbolo da companhia, estampado nas imensas portas de vidro e dois *displays*, em tamanho natural, dos artistas que eram a bola da vez: Lionel Ritchie e Whitney Houston. Ficavam na recepção e eram muito realistas. Muito *office boy* desatento deve ter cumprimentado ao menos um dos astros.

Hoje soaria bastante ingênuo o papo que rolava entre os artistas e o pessoal da indústria na época. Ainda mais quando os artistas vinham de um lugar ao sul, onde não havia gravadoras. Estávamos sempre desconfiados, com os dois pés atrás. Possivelmente, beiramos à falta de educação em alguns momentos. "Ah, aqueles gaúchos petulantes! O que estão pensando? Quem eles pensam que são?".

Na saída, esperando elevador, um diretor artístico me confidenciou, apontando para um dos bonecos: "Puta profissional! Faz teste das músicas em colégios, com crianças da primeira série."

Que merda! Lá se foi, pro saco, mais uma criança que eu fui. Talvez aquela que ganhou um violão para tocar *Era um Garoto Que Como Eu Amava Os Beatles E Os Rolling Stones*. Testar?! E o risco, não é parte fundamental da arte? Ok, ok, ali se tratava mais de negócio do que arte. Mas não subestime minha ingenuidade (ou burrice) na época (e agora).

Hoje me dou conta de que este lance de testar, simular um público alvo, deve ter vindo do mundo publicitário. Mas na época eu nem sabia que havia um mundo publicitário! Nada contra a publicidade. Ela já nem é o que era. Acabou virando o único de meio de remuneração num mundo onde se quer arte "de grátis" (como se houvesse almoço gratuito nesse capitalismo de *banners*) e não se quer que o estado gaste dinheiro com cultura.

(*) 5 da matina. O barulho do elevador, só audível no silêncio da madrugada, avisa que chegaram os jornais. Faz tempo que não leio as notícias em papel, só continuo assinando jornais porque tenho dois cachorros: é uma questão de higiene.

Abro a porta e me surpreendo com capas iguais em jornais rivais. Que sejam iguais é comum, mas hoje são ainda mais iguais. Na foto principal, o pouso do avião que fez o primeiro voo direto entre Europa e Porto Alegre.

Caraca! Será que não havia notícias mais relevantes? Qual a importância do fato de alguns gaúchos poderem ir a Portugal sem perder um par de horas numa escala em Cumbicas? Caraca! Será que somos cada vez mais província? Ops, megacaraca: deve ser matéria paga pela companhia aérea! Na capa! Putz, mal começou o dia e já deixei de ser criança. A propaganda se tornou invisível na sua onipresença. E eu paguei o jornal! E paguei para que dissesse a verdade! Que criança eu fui...

(*) Se fosse bom ser criança, as crianças brincariam de... ser criança. Do que elas brincam? De ser mãe das bonecas, de dirigir seus carrinhos. Gostar de ser criança é coisa de adulto.

Se fosse ruim ser criança, os adultos não brincariam de ser criança, se embonecando nos salões de beleza ou comprando os mais velozes carros esportivos para ficar parados no engarrafamento de ruas esburacadas.

(*) Coloquei cobras a não poder mais no disco VÁRIAS VARIÁVEIS. Na capa, em versos e em sons de chocalho e de gelo em copos de uísque. Cascavéis. Tentei exorcizar um fantasma que me acompanha desde antes de ser ou deixar de ser criança pela primeira vez.

Sempre fez parte da minha personalidade um medo desproporcional de cobras. Desproporcional porque nossas geografias são distintas. A chance de cruzarmos caminhos é quase nula. Ok, houve a jiboia no museu do colégio, mas para mim era a exceção que comprova a regra. Além do mais, seu triste fim até me fazia simpatizar com ela. Um pouco.

Nas aulas de ciências do segundo grau, escolhi cuidar de cáctus no museu do colégio. Confesso que os via mais como esculturas do que seres vivos. Precisavam de pouco para viver e eram esteticamente interessantes. Através de enxertos era possível brincar, se não de Deus, ao menos de escultores.

Um dia, enviaram ao museu uma enorme jiboia capturada numa cidade do interior. Ela ficava numa caixa de vidro na qual, regularmente, um rato era sacrificado. Tudo bem. É a vida; ou morria o rato ou morria a jiboia, o que eu tinha a ver com isso? Nada, não fosse o lugar escolhido para ela ficar: embaixo da estante onde ficavam meus cáctus! Deus me livre!

Além de ratos, morreriam cáctus porque eu é que não entraria mais ali! Inventei uma gripe na primeira semana. Para a segunda, tinha planejado uma terrível dor de dente. Não foi necessário. O aluno encarregado de colocar a caixa de vidro com a jiboia no sol depois da refeição de sexta-feira esqueceu de trazê-la de volta pra sombra. Ela passou o fim de semana inteiro sendo lentamente transformada num churrasco. Triste fim para a triste figura. Era pra ser a sua digestão. Foi digerida... pelo sol.

(*) Bah, foi só escrevendo a respeito delas que me lembrei de já ter matado uma cobra! E não era das pequenas. Este fato estava escondido, como uma serpente enrolada, em algum canto do meu cérebro, e agora deu o bote.

Eu estava no pampa quando cores estranhas apareceram rastejando em contraste com a grama. O pessoal que estava comigo, e sabia da minha fobia, estranhou a coragem que tive para avançar e matar o bicho. Já não lembro que ferramenta usei. Só lembro que matei um pouco mais do que o necessário. Na verdade, com meus golpes, abri um buraco no chão onde poderia enterrar toda a família do pobre ofídio. Quando, finalmente, olhei em volta, as pessoas pareciam mais assustadas com meu empenho desproporcional do que estavam com a ameaça rastejante.

Minha coragem acabou assim que começaram os comentários do tipo: "onde tem uma tem outra", "o macho sempre vem atrás da fêmea", "a fêmea sempre vem atrás do macho" e outras pessimistas sabedorias campeiras. Nesta hora todos parecem ser especialistas.

Já li algumas teses sobre o motivo da repulsa causada por cobras. As explicações vão desde o óbvio perigo do veneno a complicadas teses baseadas na simbologia e que passam pela maçã oferecida a Adão e Eva. Penso que, no meu caso, a origem está na maneira como uma serpente se move, parecendo estar parada. Como se estivesse sujeita às leis da física diferentes das que atuam sobre mim.

(*) A gente deixa de ser criança a cada pesadelo. O eterno retorno à criança só acontece depois do primeiro café. Eu vi a cara da morte, tinha olhos prisioneiros. Não queriam estar ali. Pareciam girar procurando algo. Não procuravam nada, só queriam estar em outra órbita.

(*) O leão era o rei da selva, na minha infância. Ninguém explicava direito a origem desta majestade. Talvez fosse a mesma do absolutismo entre humanos: direito divino, vindo direto de Deus. Quanto mais eu aprendia, mais estranha eu achava esta supremacia. A leoa, sem falar em outros animais, parecia mais nobre e valente.

Melhor deixar de ser criança e aceitar a anarquia do reino animal. O maior, mais forte e feroz dos animais pode ser derrubado por um microscópico vírus, bactéria ou gotas de veneno de seres bem menores e mais frágeis.

Melhor assim. Não há hegemonia na natureza. O inverno mais rigoroso, o calor mais escaldante, a montanha mais alta e o oceano mais profundo, cada um tem seu momento de glória.

Dos jogos de jogar com as mãos (par-ou-ímpar, discordar...) o que mais me agrada é o "pedra-tesoura-papel". É perfeito. Cada um dos objetos imitados pela mão vence o outro, até que se feche o ciclo. Pedra quebra tesoura. Tesoura corta papel. Papel envolve pedra. Sem vencedor absoluto. Sem hegemonia. Cada um com sua força e sua fraqueza.

(*) Não sei se voltei a ser ou deixei de ser criança quando ouvi pela primeira vez o silêncio. Eu já tinha andado pelo pampa e pela praia em pleno inverno, lugares onde não havia sons humanos, mas onde a natureza falava alto. Os animais, e, principalmente, o vento, afugentavam o silêncio.

Quando a porta do estúdio se fechou pela primeira vez... "*Muito prazer, meu nome é Silêncio. Este é meu amigo Cheiro de Cigarro. Mande-me embora com o som distorcido desta guitarra. É para isto que estás aqui. O tempo é caro para uma banda iniciante num dos raros estúdios da Porto Alegre de 1985. Relaxe. Mas não muito. Tchau!" 1, 2, 3,* Vvvvrrrrrrannnnnnggg!

(*) O que faria um arquiteto ou decorador colocar espelhos em duas paredes opostas de um elevador? Imagem refletindo imagem refletindo imagem infinitamente é algo perturbador. Entrei num elevador assim a caminho da festa de aniversário de um colega nos primeiros anos de escola. Quando abri a porta do elevador, no andar em que meu amigo morava, eu já não era criança.

Acontecia o mesmo quando eu ficava olhando, na cozinha, a embalagem de um saponáceo que trazia o desenho de uma mulher segurando uma embalagem de saponáceo que trazia o desenho de uma mulher segurando uma embalagem de saponáceo que... O mesmo efeito do espelho em frente a espelho: intuição gráfica do infinito.

Anos depois, eu traria, de Moscou, aquelas bonecas russas, uma dentro de outra dentro de outra... Mas as bonecas do mundo físico acalmam mais do que inquietam: sempre há uma última, pequena, maciça, da qual nenhuma outra sairá. No mundo gráfico, mesmo que não haja pena suficientemente fina para desenhar, a gente intui que sempre haverá uma embalagem de saponáceo menor onde uma mulher segura outra embalagem de saponáceo menor onde...

(*) Quando eu estudava Arquitetura, era sempre uma criança que passava horas na biblioteca sentindo vertigem ao olhar as escadas que sobem infinitamente nas gravuras do M.C. Escher. Intuições gráficas do moto-perpétuo.

(*) *Paralysis by analysis* ou *analysis paralysis* significa ficar parado por encucar demais. Paralisia por excesso de análise, para ser mais formal. Soa bem melhor em inglês. Vi esta expressão numa revista gringa de tênis, num artigo sobre a técnica de alguns golpes.

Desconheço a origem da expressão. Ela é tão boa e sonora que deve ter surgido em outra área, mais relevante. Deixamos de ser crianças quando a razão nos paralisa, quando nos sentimos diretores do filme em que atuamos, olhos externos racionalizando cada gesto.

Já ouvi de algumas pessoas mais otimistas em relação ao ser humano (os que acreditam no mito do bom selvagem) que todos nascemos sabendo desenhar e a maioria desaprende ainda na infância (deixa de ser criança), quando a autocrítica toma a dianteira e corta nosso barato. Talvez haja exagero nisso, mas um fundo de verdade também deve haver.

(*) Nada pode ser mais real do que as fantasias das crianças, nem a realidade fantasiosa dos adultos. Ser criança é ter os pés no chão. A cabeça nas nuvens é uma triste necessidade de adultos. Quando piso no saibro de uma quadra de tênis ou no pedal de efeitos da guitarra, volto a ser criança. Graças aos pés no chão.

(*) Numa das últimas vezes em que deixei de ser criança, eu já não era nenhuma criança. Talvez eu já tivesse passado mais tempo em salas de embarque de aeroportos do que muitos de vocês têm de vida. Foi "no estrangeiro". Quase isso: no Paraguai.

Era véspera do Dia dos Namorados e dia de folga na *tour*. Resolvi acompanhar a equipe técnica da banda na selva de compras em Ciudad del Este. Uma das opções de presente que eu cogitava era uma raquete de tênis. Indicaram-me uma loja. Enquanto subia, zonzo, pela escada rolante, como um náufrago no mar de predadores, usualmente chamados de consumidores, uma visão surreal se apresentou: uma parede repleta, de cima a baixo, de capas de raquetes dos anos 70! Capas Wilson azuis e vermelhas, daquelas que só cobriam a cabeça das antigas raquetes de madeira. Inúteis capas Wilson pretas, brancas e amarelas, que nunca encontrariam as raquetes que deveriam proteger. Tristes capas Wilson que sobreviveram ao seu conteúdo. Tive que olhar em volta para me certificar de que eu estava mesmo na sessão de esportes de uma loja e não em uma galeria de arte moderna, frente a uma instalação.

Nenhuma aula de economia me ensinaria tanto quanto aquele museu de coisas nunca usadas e já obsoletas, despejadas na periferia do mundo capitalista. Nenhuma sessão de análise ou terapia de vidas passadas teria causado o efeito que causou a visão do que fora o sonho de consumo da minha adolescência (fui adolescente em tempos de reserva de mercado, sem produtos importados; deve vir daí o fascínio por instrumentos musicais, raquetes...).

Não comprei nada naquele dia. De presente, dei um poema.

(*) Não consegui ler o número do apartamento da minha mãe no porteiro eletrônico. Hora de deixar de ser criança e pegar os óculos, que passavam o dia inteiro tranquilos sobre o livro que eu leria à noite, e levá-los pra rua.

(*) Uma simetria preside minhas origens: meu pai e minha mãe vêm de famílias de colonos do interior gaúcho. Ambos vieram muito jovens para Porto Alegre e eram os mais jovens entre dez irmãos. Aqui se desfaz a simetria: meu pai é filho de imigrantes alemães, do vale; minha mãe, de imigrantes italianos, da serra. Pra quem vê de longe, é quase a mesma coisa. Mas quem está na esquina entre estas avenidas tão diferentes sabe como podem ser distantes coisas tão próximas.

Na casa da minha infância tínhamos uma enorme horta que, hoje me dou conta, era um portal que dava, ao meu pai e alguns tios, acesso a tempos idos, de pé no chão, na terra. Brincávamos entre árvores frutíferas (nunca mais comi uvas, figos e mamões como aqueles), verduras e legumes.

Meu tio Plínio era mestre em armar arapucas para pegar pássaros, até construiu um viveiro para eles. Um dia, enquanto jogávamos bola, o tio chegou com um passo inseguro, falando coisas muito engraçadas e só parcialmente compreensíveis para nossas mentes infantis. Num gesto teatral, abriu a portinha do viveiro e obrigou os pássaros (mesmo os que pareciam preferir a segurança e mordomia do cativeiro) a saírem voando.

Os pássaros embriagados de liberdade, meu tio embriagado de vinho, nós embriagados pela luz do sol que impedia que nosso olhar seguisse a revoada... todos vacilantes. Naquela tarde, não sei quem voltou a ser criança e quem deixou de ser.

(*) Tenho um primo que, quando eu era criança, era bem mais velho do que eu. Agora, temos a mesma idade. Nas festas de aniversário da família, jogávamos xadrez. Ele era imbatível. Eu realmente achava que estava enfrentando o melhor jogador do mundo. Um dia ele perdeu para outro primo. Deixei de ser criança quando entendi que meu primo não era o melhor enxadrista do mundo. Voltei a ser criança ao descobrir que o melhor jogador de xadrez do mundo era meu outro primo.

(*) A gente deixa de ser criança quando percebe coisas maiores e mais fortes do que nossos mimados caprichos. Por vezes, não é legal sentir a mão pesada do destino nos tirando as opções. Mas, às vezes, é legal saber que não temos controle. No amor, por exemplo.

Adriane voltou de uma viagem à Espanha com dois presentes: um boné do Barcelona e um boné do Real Madrid. Ela sabe que eu levo a sério futebol e, principalmente, uniformes esportivos. Nunca deixei de ser esta criança. O que será que ela pensou? Que eu torcia para os dois? Duvido. Que eu não torcia para nenhum? Então pra que boné? Ela simplesmente não pensou? É possível. Mas sabe como é o amor, né? Adorei os presentes!

(*) Ao longo da longa doença que levou meu pai, deixar de ser criança era algo muito frequente, quase um ritual diário. Mesmo em situações assim, a gente sempre volta a... acreditar. Lembro quando a vida voltou a ter alguma leveza. Foi justamente no velório (flor no lodo, lembra?).

Na fila das condolências, um amigo do meu pai, careca de vida inteira, apareceu ostentando uma ondulante franja na testa. O cara estava de peruca! Resolveu estreá-la no velório?! Um quadro surreal. Só podia ser uma piada enviada pelo professor Huberto, diretamente de outro plano (ele era exímio contador de anedotas, dom que não herdei).

(*) Pensei que seria um momento transcendente, uma iniciação, a passagem do bastão, uma tradição que seguiria na família. Escolhi ingredientes e utensílios com cuidado. Fiz a melhor gemada da minha vida. Seria a primeira vez que Clara experimentaria o doce mais doce da minha infância e... ela odiou! Ok, nossos filhos não serão iguais a nós. Trilharão seus próprios caminhos. Deixei de ser criança. Deixei de pensar que filhos serão mais dos mesmos nós.

(*) É impreciso, mas tentador, pensar na civilização que nos trouxe até aqui como se fosse uma pessoa. Um ser humano que tem infância, amadurece, fica senil. Usando essa liberdade poética, me arrisco a dizer que deixamos de ser crianças quando Darwin disse que somos fruto de evolução, quando Copérnico avisou que a terra não é o centro do universo, quando o materialismo histórico de Marx explicou o movimento das peças no tabuleiro, quando Freud explicou que a consciência é só uma parte (talvez a menor) da nossa vida psíquica. E a lista segue, pois, se para um indivíduo já é difícil listar todos os ritos de passagem, imagine para uma nação, um império, uma civilização.

A perda da inocência também é expressa por mitos que dão voz ao inconsciente coletivo:

– Prometeu rouba o fogo de Zeus e é amarrado a uma rocha por toda a eternidade, enquanto uma águia come pedaços de seu fígado (que se regenera no dia seguinte para que o flagelo não tenha fim).

– Pandora, a primeira mulher criada por Zeus, recebe um jarro que contém todos os males do mundo. Ao abrir a tal "caixa de Pandora" todo o seu conteúdo se espalha pelo mundo. Com exceção de um item: a esperança.

– Dr. Frankenstein se mete a Deus, criando vida, e perde o controle de sua criatura.

– Adão e Eva comem o fruto proibido e são expulsos do paraíso.

Points of no return, daqui não tem mais volta, pra frente é sem saber. O elástico, esticado demais, se parte. Ainda bem que, na vida real, sempre dá pra voltar a ser criança, né? Sim: às vezes é a única forma de sobreviver.

(*) Deixamos de ser crianças quando paramos de ouvir como fãs, para ouvir como músicos. Quando paramos de ouvir como músicos, para ouvir como produtores. Quando paramos de ouvir como produtores, para ouvir como empresários. Quando paramos de ouvir... Como? O que foi isso? Que acorde estranho! Que voz misteriosa! Pronto: renasceu uma criança!

LIKE A KIDNEY STONE

(HOW DOES IT FELL?)

MEU AMIGO ASTRÓLOGO
FALAVA DA MONTANHA QUE EU
(CABRITO ESQUISITO
CARNEIRO
CORDEIRO DE DEUS)
TEIMAVA ESCALAR

HEY, ASTRÓLOGO AMIGO
MANDO NOTÍCIAS DESSES DIAS
PARA FUTURAS ANALOGIAS:
TIREI UMA PEDRA DO RIM!
TEREI TIRADO A MONTANHA DE MIM?

QUANDO A GENTE É OBRIGADO A LEMBRAR
QUE O CORPO EXISTE
DÁ UM BANZO
DÁ UM BLUES
SAUDADE DE NÃO SER
NO VENTRE DA MÃE

CRIANÇA MIMADA ESTE TAL DE CORPO
CARENTE
POR QUE NÃO DESCE PRA BRINCAR NO PLAY?
NÃO SEI

(*) Dia desses dei à luz um cálculo renal. Fragmentos de uma pedra, pra ser preciso. Foi detonada a laser. Tentei esperar que saísse naturalmente (elas acabam saindo), mas a dor era muita, e muitos os remédios pra aguentá-la. Fui à luta.

Se os americanos dizem que seu moderníssimo arsenal bélico tem precisão cirúrgica, inverto e devolvo a analogia: bombardeamos a pedra no rim num voo teleguiado. Procedimento simples, sem riscos. Eu anestesiado, o médico me vendo por dentro, em uma tela.

A pior sequela foi passar alguns dias mijando de olhos fechados (por ser gremista ou por ser medroso, evito o vermelho sempre que possível).

Para que o problema não se repita, é bom descobrir que substâncias nosso corpo transforma em pedra. Foi isso que meu médico disse ao me passar um fragmento da pedra e o endereço de um local onde analisariam sua composição química.

– Será que aceitam meu convênio médico?
– Não. Quem faz a análise é um geólogo.

Isso mesmo. Do meu rim, direto para as mãos de um geólogo.
Taí a vida real... taí a poesia.

(*) Enquanto esperava a pedra sair por livre e espontânea vontade, eu suportava a dor, imaginando o alívio que viria quando eu a mandasse pro raio que a partisse (por ironia, um raio laser a partiu). Só parti para o ataque porque já havia me comprometido a participar de um programa de TV no dia seguinte. Nós, capricornianos, gostamos mesmo é de trabalhar.

Cheguei ao estúdio, em São Paulo, branco como uma vela, usando mangas compridas, apesar do calor, para cobrir os hematomas que as agulhas haviam deixado nos braços. Perguntei quais seriam as outras atrações, o produtor respondeu que era um programa especial com a Grande Dama do Samba do qual participariam o Grande Compositor do Samba, a Jovem Promessa do Samba e o maior Vendedor de Discos do Samba. Todos acompanhados por um Super Grupo de Samba.

Eu e meu violãozinho não estaríamos em um contexto muito introspectivo. Por um instante, eu me lembrei de estar tocando violão em um enorme

estádio, abrindo um show do Nirvana. *Déjà vu*. Nada fácil, mas uma honra e uma alegria participar.

Enquanto rolava o programa, em meio à euforia sonora, pintavam lembranças dos silenciosos corredores do hospital. Em meio às imagens de jovens rostos risonhos, vinha a imagem de rostos apreensivos na sala de espera. Apenas algumas horas atrás e parecia tão distante! Eu pensava: a vida é aqui e a vida é lá, não há isso sem aquilo.

Hora dessas vou fazer um samba falando dessas vidas. Vidas tão diferentes e a mesma.

ÍMPAR, O PADRÃO QUE NÃO HÁ

NO TEMPO EM QUE NADA NOS DIVIDIA
HAVIA MOTIVO PRA TUDO
TUDO ERA MOTIVO PRA MAIS
ERA PERFEITA SIMETRIA
ÉRAMOS DUAS METADES
IGUAIS

(*) Eu já não era moço quando descobri que tinha o que se convencionou chamar "cabelo legal". Quão velho eu era? Digamos que já havia pendurado três discos de ouro na parede. Como descobri? De tanto ouvir falar. As razões estéticas nunca me convenceram. A praticidade, sim. Até então, eu pensava que todo mundo podia ficar alguns dias sem se pentear. Não imaginava que a parte de fora da cabeça também pudesse dar trabalho.

Entre 1986 e 2000, quem cortou meu cabelo foi Adriane. Era um corte fácil: uma linha reta nas costas. A força da gravidade fazia o resto, definindo para que lado iria cada fio. Resultava algo simétrico: cabelo repartido no meio. De vez em quando, passávamos a máquina. Antes de 1986, frequentei alguns barbeiros. Depois de 2000, alguns cabeleireiros (as coisas mudam de nome, mas continuam sendo o que sempre serão).

Adri só começou a cortar meu cabelo porque eu tinha preguiça de ir a um profissional. Só parou de cortar porque a tesoura perdeu o fio e fiquei com preguiça de afiar. Nunca pensei que cuidar do visual fizesse parte da minha arte/ofício. Precisa usar *dreadlocks* pra fazer *reggae*? Precisa fazer *reggae* pra usar *dreadlocks?* Nah...

A vontade de mudar o visual vinha do nada, quando menos se esperava. Numa das vezes, estávamos num hotel. Entrei cabeludo e saí militar.

O que será que a camareira pensou, no dia seguinte, ao encontrar aquele monte de cabelo no lixo? Deve ter achado que se tratava de uma nova tara, um novo fetichismo.

(*) Faço música para satisfazer minhas necessidades espirituais. Graças ao bom Deus, a música que faço também proveu minhas necessidades materiais. Pude escapar das propostas para fazer propaganda de xampu. Mais difícil foi escapar, nas entrevistas, da pergunta: "Qual xampu tu usas?". Logo percebi que responder "Uso o xampu que minha mulher compra", ainda que fosse a mais pura verdade, parecia sarcasmo. Ninguém acreditava que eu não tava nem aí, que simplesmente carregava, dentro e fora da cabeça, o que a natureza havia me dado.

Um dia, num programa de TV, vi alguém explicando que o correto era alternar o tipo de xampu pra não "viciar" o cabelo. Caramba, que raciocínio elegante! E anticorporativo! As corporações nos querem fiéis. "Fidelização do consumidor" é o jargão utilizado. "Fiéis" para não dizer "escravos". Mudar o produto com frequência colocava esta estratégia em cheque. Adorei e adotei a resposta. Mas não o comportamento. Até hoje, uso o xampu que Adriane comprar.

(*) Pelas minhas contas, estarei completamente grisalho em um par de anos. Acho que vou gostar. Minha barba se adiantou na corrida ao branco. A diferença de cor entre barba e cabelo tem me irritado, pois dá a impressão de que eu pinto o cabelo. Irritação com dias contados: um par de anos. Acho que vou gostar.

Ainda pelas minhas contas, a partir do ano que vem serei mais velho do que meu pai jamais foi. Estou vivendo o que, para ele, foi o último ano.

Ele tinha raríssimos cabelos brancos quando chegou a hora. O que deu a impressão de que a hora chegou cedo demais. Nah, sempre é cedo, né?

Nah = Não + Bah

A gente faz as contas, projeta uma vida na outra, tenta se enxergar como se fosse outra pessoa... A gente busca espelhos porque viver é solitário. Busca simetrias porque a vida é torta. A simetria acalma. Talvez acalme porque nós mesmos somos simétricos. Uma linha imaginária, dos pés à cabeça, nos divide em duas partes iguais. Buscamos o que já somos? Esquecemos que essa simetria nunca é perfeita. Para o bom observador, sempre haverá uma perna mais curta, um olho mais caído, uma narina mais aberta...

Certo é que nossa mente busca simetria nas pinturas, nas catedrais e nas notas musicais. Entre passado e futuro, entre os óculos do John e o olhar do Paul, entre Beatles e Stones, nas cores da barba e do cabelo, assim no céu como na terra, assim na serra como no litoral. Entre mãe e pai, pai e filho, num par de filhos, a gente idealiza simetrias que não existem. Buscamos fatos que se repitam, uma ordem, um sentido, um padrão, um padrão, um padrão... um padrão que não há.

O mundo é ímpar, não dá pra dividi-lo em duas metades iguais.

> **Bah**: Num dia desses, minha andança por POA coincidiu com o horário de saída de um colégio. Crianças invadiram a calçada enquanto eu passava. Algumas ficaram me olhando fixamente. Na verdade, olhavam para meus cabelos. E riam. Saquei que elas nunca tinham visto um cara cabeludo! Estranho é que havia, entre as crianças, vários moicanos. Fala um pouco a respeito

do nosso tempo o fato deste corte de cabelo complexo, que necessita de aditivos químicos para driblar a gravidade, parecer mais natural às crianças do que cabelos que, simplesmente... naturalmente... crescem.

PARA ONDE,
POR QUE
E ATÉ
QUANDO?

PLANOS DE VOO
TAVA TUDO EM CIMA:
CÉU DE BRIGADEIRO SOBRE NÓS

PANE! PÂNICO!
PERDEMOS ALTURA:
PUXARAM O TAPETE VOADOR

1987. Voo de Belém para Porto Alegre. Sobe e desce, muitas escalas no caminho. O produtor da banda me acorda pedindo um autógrafo na capa do LP A REVOLTA DOS DÂNDIS.

– Qual nome?
– Stanley.
– Será que é abrasileirado, tipo “Estânlei”?
– Não, é com S e Y mesmo.
– Pronto.
– Valeu. Vou entregar pro Stanley Clarke. Ele embarcou em São Paulo.

Quando ouvi o fim da frase, o disco já estava fora do alcance do meu braço. Eu me joguei no corredor para agarrá-lo:

– Nããããããooooooo!
– Mas ele não é um dos teus baixistas favoritos?
– Sim.
– Não estão super legais os baixos do Revolta?
– Sim.
– E não quer que ele ouça?
– Não.

Meus ídolos são de outro mundo. Prefiro-os lá.

1989. No Galeão, embarca Leonel Brizola. Um jovem empresário na poltrona ao meu lado fica exaltado e começa a falar mal dele. Na primeira pausa que fez para respirar, falo calmamente: “Com licença, vou ali pedir um autógrafo pro Briza”.

Era possível adorar ou detestar Brizola. Em cada caso, de um jeito bacana ou de um jeito babaca. Resultam quatro possibilidades. Não sei em qual eu me encaixava. Certamente, não era a mesma do jovem empresário. Ele estava embriagado pela utopia da mão invisível do mercado fazendo cafuné em todo mundo, no mundo inteiro. Neoliberalismo era a onda do momento. Um tsunami arrasador. Quando voltei com o autógrafo, ao menos, o cara ficou quieto.

1989. É impressionante a contribuição que a Espanha deu à história da arte. De modo especial na pintura. Dizem que a luz do sol banha o país de forma singular, seria esta a explicação. Durante o voo para a URSS (com conexão na Dinamarca), olho pela janela e vejo, na paisagem, cores que nunca tinha visto. Tento descobrir o que estamos sobrevoando. Feitos os cálculos: ali embaixo era a Espanha.

Na URSS, uma outra luz iluminava tudo que víamos e sentíamos. Era o comunismo real. Recebemos o cachê em rublos, moeda que não era convertível. Deixei minha parte pro cara que nos serviu de intérprete durante a estada. Alexandre Master, nosso técnico de som, jogou as notas para o alto enquanto caminhava lentamente, com um cigarro no canto da boca, pelo aeroporto de Moscou. Por não acreditar no que estava vendo ou porque o dinheiro valia pouco, pouca gente se abaixava para pegar.

Nos tempos anteriores às restrições ao cigarro, as últimas filas de poltronas dos aviões eram destinadas a fumantes. As primeiras eram exclusivas para não fumantes. Pouca diferença fazia. Principalmente pra quem sentasse no limite entre as duas áreas. O ar era o mesmo para todos. É o que acontece com quase todas as leis: há uma área cinza onde elas ficam absurdas. Quase todas.

1990. Em Maceió, esperando para decolar, vem a notícia: o aeroporto seria fechado sem previsão de abertura. Motivo: o recém-empossado presidente Collor chegaria de Brasília para passar o fim de semana em casa. Cinco horas depois foram liberados os pousos e decolagens: o cara tinha desistido do passeio.

1990. A economia do garimpo tem suas peculiaridades. É um fluxo de dinheiro maluco, aleatório. Um trabalho duro num ambiente hostil. Quando pousei em Boa Vista, uma quantidade enorme de monomotores sobrevoava a pista do aeroporto. Parecia um enxame de abelhas. No café da manhã do hotel, vi um vendedor mostrando catálogos de aviões para um garimpeiro descalço e com poucos dentes. Antes que meu café esfriasse, eles fecharam negócio.

1991. Não me perguntem como ele conseguiu: num pouso em Manaus, Alexandre Master convenceu a aeromoça a deixá-lo fazer o anúncio das normas de segurança. "*Senhoras e senhores... em instantes estaremos pousando... por favor, afivele o cinto de segurança... poltronas na vertical...*". Ao fim do texto protocolar, ele gritou alucinadamente: "*Rain Forest! Rain Forest! Raaaaaaain Forest!*". Para surpresa de todos, susto de muitos e divertimento dos mais chegados.

1993. Enquanto meus camaradas passavam rapidamente pelos Guardas da Fronteira, no aeroporto de Los Angeles, meu passaporte era debulhado com extrema atenção e passava por muitas mãos. Respondi várias vezes às mesmas perguntas. Quando me liberaram, entendi o tratamento especialmente cuidadoso: um sobrenome alemão num passaporte brasileiro que só tinha dois carimbos, um japonês e outro soviético. Era estranho, suspeito. Suspeito de que? De ser suspeito.

1994. Não me lembro a origem do voo, só o destino: Maringá. Avião pequeno, a maior turbulência da minha vida. Paredões de nuvens. O turboélice hesitava, pra lá e pra cá, como um bêbado dançando tango. O barulho vacilante do motor, a porta da cabine batendo, choro e ranger de dentes serviam de trilha sonora para este filme de terror.

Quando pousamos, todos correram para os orelhões do aeroporto (ainda não tinhamos celulares). As expressões mais ouvidas eram "*desculpa... a gente briga por qualquer bobagem... o importante é estar vivo... nunca mais... graças a Deus... daqui pra frente...*".

Não sei quanto tempo duraram as promessas e as reconciliações feitas sob o trauma de um voo tão ruim. Talvez menos do que a tendinite no braço que me acompanhou por duas semanas. Fruto da tensão: eu passara o voo inteiro agarrado à poltrona como se ela fosse salvar minha vida. Também prometi mudar algumas coisas. Se não mudei, continuo prometendo. Já é um primeiro passo. Mesmo que seja o passo de um bêbado dançando tango.

1995. Quando me acidentei a caminho de um show no interior do Espírito Santo, o médico costurou o que precisava ser costurado e me receitou antibióticos, anti-inflamatórios, anti-não-sei-mais-o-quê. Novato no reino da química tomei os remédios em jejum, acompanhados de meia xícara de café preto. Desde então, meu estômago tem desconfiado de todas as decisões que tomo e de tudo que como. No voo de volta pra casa (Vitória/ Rio), fiquei no banheiro. Da decolagem ao pouso.

1998. Esqueci meu exemplar de Moby Dick num voo entre Salvador e Porto Alegre. Alguns dias depois, recebi telefonema do pessoal da Varig. Queriam conferir o endereço para entregar o livro, que fora encontrado no bolso da poltrona. Não sei se eles faziam isso com tudo que era esquecido nos aviões (talvez por isso tenham falido). Achei o máximo! E o clássico de Melville, para mim, ganhou mais uma história.

2000. Não me lembro de onde vinha nem para onde ia o voo. Um senhor de idade avançada se apresentou, era maestro. Começamos a falar sobre música. Fiz vários comentários contra a substituição dos músicos por teclados e *samplers*. Um pouco por pensar assim mesmo, um pouco para agradar meu companheiro de profissão, supondo que a tecnologia estivesse lhe tirando trabalho. Depois de pegar sua bagagem na esteira, ao se despedir, o velho maestro me deu seu cartão: “Fulano de Tal - Maestro - Programador de Sintetizadores”.

2007. Saca o filme *Terminal*, com Tom Hanks? Tive um dia parecido. Decolei de Porto Alegre às 6 da manhã para tocar em Fortaleza à noite. No meio do caminho, o caos aéreo me pegou. Fiquei 14 horas no aeroporto de Cumbica. Desembarquei em Fortaleza e nem esperei as bagagens, fui direto para o palco. Banda e equipe, que tinham saído do Rio, me esperavam com ansiedade. Só deu tempo de dizer “Oi!” e contar 1, 2, 3, 4. O público cearense, caloroso como sempre, entendeu o atraso e, junto com a gente, fez um baita show!

Bah: Por que Lula e Iron Maiden batem papo num mesmo canto do meu cérebro? Não, não é pela relação fonética entre "metalúrgico" e "metaleiro".

Em **2011**, pela janela de um avião que pousava, vi o jato da banda inglesa estacionado no aeroporto de Curitiba. Em **2003**, dias depois de Lula assumir a presidência, pela janela de um avião que decolava, vi o jato presidencial na pista de Congonhas.

Tive a mesma sensação nas duas ocasiões. Um operário e uma banda de heavy metal ocupavam o espaço que geralmente é de outro tipo de gente. Legal! Nas duas vezes, a imagem dos aviões na pista (um com a pintura pop art de um monstro, outro com o solene brasão presidencial) se misturava com o reflexo do meu rosto na janela de um avião que ora pousava, ora decolava. Oito anos entre as duas ocasiões. Um terço da duração do meu voo como músico.

Tenho andado por aí... já não me incomoda ignorar para onde, por que e até quando. Há poucos dias, durante um voo que desceria em BH, uma guria pediu para fazer uma foto. Muito querida, ela contou que havia tatuado uma frase minha nas costas. Tinha idade para ser minha filha. Mas ali não havia pai nem filha, nem ídolo nem fã, nem um cara dando em cima de uma menina, nem uma menina a fim de um cara. Eram dois seres humanos em trânsito, mergulhados nas suas vidinhas particulares, mas conectados pela vida maior: da arte e das canções. Deve estar aí a resposta que sempre me escapa. Para onde, por que e até quando.

OS HIPPIES DA CASA AO LADO

Tenho amigos que gostariam de viver num futuro em que viagens interplanetárias fossem coisa corriqueira. Conheço pessoas que gostariam de ter passado a adolescência na época dos Beatles. Eu, se pudesse me reposicionar na linha do tempo, seria mais modesto: só queria ter sido criança depois da chegada do protetor solar.

Eu passava 60 dias do verão em uma praia do litoral gaúcho. O primeiro, jogando bola; os outros 59, tratando das queimaduras do sol. Pimentão, pantera cor de rosa, camarão... a lista de possíveis apelidos é longa. Não se constranja em aumentá-la. Mas não precisa me falar, ok?

Na impossibilidade de dormir pendurado pela língua em um cabide, o jeito era se lambuzar com uma pomada amarela que manchava tudo que eu tocava (ah, pobre Midas!). Outra medicação, de cor rosa, era gelada demais para a pele febril e criava uma casquinha irritante. Num verão de triste lembrança, inventaram que a solução seria passar vinagre. Como efeito colateral, ele foi banido das minhas saladas pelo resto da vida.

Espero que o leitor não esteja tomando o café da manhã, pois tenho que falar das bolhas que cresciam nos ombros. Duas enormes gemas de ovo frito. Era necessário furá-las com uma agulha e deixar uma linha de costura pendurada por um tempo. Não sei se era uma simpatia ou se aquilo realmente ajudava na drenagem. Livros de vampiro? Frankenstein? Coisa pra iniciante!

Havia o lado bom, é claro. A praia era o nosso *Discovery Channel*: sapos do tamanho de paralelepípedos, cobras traiçoeiras, cavalos selvagens, vagalumes cuja luz podia ser vista por satélites, besouros do tamanho de um fusca. Para um guri de cidade, era selva!

Nos fins de semana, rolava o Campeonato Praiano. Bah, que espetáculo! Era uma mistura de futebol e luta livre. O *beach soccer* que passa na TV hoje parece jogo de amarelinha comparado aos Praianos.

Meu verão favorito? Aquele em que um bando de *hippies* alugou a casa ao lado. Montaram amplificadores e bateria no jardim e inundaram o silêncio atlântico de rock'n roll. Muito tímido, eu ficava o dia inteiro inventando desculpas para passar em frente à casa deles. Ia e voltava, ia e voltava, sem coragem de parar, fascinado pelo som. Se andasse em linha reta, teria chegado a Porto Alegre. Os cabeludos pareciam ser muito distraídos na cozinha: rolava um cheiro constante de coisa queimada. Anos 70. Foi o mesmo verão em que Picasso, goleiro do Grêmio, alugou uma casa na vizinhança. Morram de inveja!

Esqueci de falar do mar, né? Foi proposital: até hoje não sei nadar! Mas isso é papo pra outro verão.

SINCERO COMO NÃO SE DEVE SER

NO RIO TORÇO PELO BOTAFOGO
TRÊS TIMES TIVE NAS GERAIS
EM SÃO PAULO JÁ TORCI PRA TODOS
EM TEMPOS QUE NÃO VOLTAM MAIS

SOU RIVER PLATE NA ARGENTINA
NO URUGUAI SOU PEÑAROL
TORÇO PELA PAZ NA PALESTINA
POIS NEM TUDO É FUTEBOL

VAI PRO HAMBURGO MINHA TORCIDA
SE O JOGO É NA ALEMANHA
TORÇO PRO TOURO FICAR PARADO
NAS ARENAS DA ESPANHA

NA NFL SOU UM VIKING
DA NBA SÓ VEJO O FIM
NO BASEBALL FICO TORCENDO
PRÁ NINGUÉM CUSPIR EM MIM

NO BOX TORÇO PRAS MENINAS
QUE DESFILAM NO INTERVALO
TORÇO PELO NOME MAIS ESTRANHO
NAS CORRIDAS DE CAVALO

PARA O JUIZ TORÇO O NARIZ
É ASSIM NOS QUATRO CANTOS
TORÇO PRO PESSOAL DO AUDITÓRIO
GANHAR DO SILVIO SANTOS

NO TÊNIS TORÇO CONTRA
QUEM ESTÁ GANHANDO
SENÃO ACABA LOGO
QUERO QUE SIGAM JOGANDO!

SE NÃO SEI DO QUE SE TRATA
TORÇO PRO UNIFORME MAIS BONITO
NA FÓRMULA 1 ESCOLHO O PILOTO
DO PAÍS MAIS ESQUISITO

NA QUADRA OU NO CAMPO
NO RINGUE OU NA PISTA
NA GERAL E NA REAL
TORCE MUITO ESTE GREMISTA!

Quando Cauby Peixoto era o grande cantor do rádio brasileiro, frequentemente tinha as roupas rasgadas pelas fãs. O fato de seu empresário desfazer as costuras dos ternos para que cedessem mais facilmente não deslustra o brilho do astro.

A singeleza do truque revela bastante a respeito do marketing da época. Comparado aos dias que correm, parece canhestro. Mas, ao contrário das aparências, pouco mudou na essência. Por mais que os profissionais da área inventem novos termos, por mais que se amplie a escala, segue sendo o mesmo processo. Novos termos, ternos velhos. Uma tesourinha ou um canhão, propaganda segue sendo a arma do negócio.

Conheci um cantor que escondia o time para o qual torcia. Queria agradar a todas as torcidas. Na verdade, não queria desagradar a ninguém (o que é bem diferente e bem pior). Depois que o time dele começou a se dar bem, ele assumiu e até virou um porta-voz oficialista do clube. Deve ter calculado que valia a pena. Mesmo chegando atrasado.

Esconder o casamento (ou o homossexualismo) também já fez parte da cartilha marqueteira. Hoje, nem tanto. Taí uma coisa que os frenéticos tempos que correm (e correm demais) têm de bom: não dá tempo para mentir. Agora que tudo está exposto, não há tempo perdido, não há tempo a perder.

Segundo Abraham Lincoln, pode-se enganar muita gente por pouco tempo ou pouca gente por muito tempo, mas é impossível enganar todo mundo o tempo inteiro. Hoje, muito tempo são quinze minutos. Com a exposição total de tudo-o-tempo-todo, é impossível CRIAR um personagem. O máximo que se pode fazer é SER um personagem. 24h por dia.

Qual a diferença entre criar um personagem e transformar o que já somos em personagem? Taí um papo pra outra hora. Com a palavra, os psicanalistas e as revistas de fofoca.

Bah 1: A etimologia das palavras geralmente revela histórias bacanas. Dizem que "encrenca" vem do alemão: *krank*, que significa "doente". No Brasil do final do século 19, *ein kranke* era como as prostitutas de origem europeia se referiam a clientes com doenças venéreas. Uma encrenca. Outra história famosa, a que diz que "enfezado" vem de "fezes". É engraçada, mas parece não ser verdadeira. A raiz latina seria "infenso" (ser hostil a).

Já ouvi duas versões explicando a origem da palavra "torcedor":

(1) Torquere, em latim, significa adulterar, desvirtuar. "Torcedor" seria quem deforma, modifica a realidade em favor de sua paixão.

(2) No início do futebol, mulheres elegantes iam ao jogo usando luvas. Pelo calor, elas tiravam as luvas. Pela tensão do jogo, elas torciam as luvas nervosamente.

Cá pra nós, meio chinfrins essas possíveis origens, né? Para descrever uma paixão, seria melhor que a palavra tivesse um pedigree mais heroico. Por isso resolvi criar um novo passado para ela. Digam-me se ficou legal:

"Thor, aquele dos raios e do martelo, é o mais forte entre os deuses da mitologia nórdica. É assim que gostaríamos de ser para ajudar nossos times: Thor ser, torcer!"

Que tal? Putz, que merda! Horrível! Peço desculpas. A etimologia inventada ficou tão ruim quanto a real. Vamos ficar com esta, então. Mas, afinal, qual é a real?

Bah 2: Em tempos e lugares onde todas as questões parecem ter apenas dois lados (certo/errado, bom/ruim, bem/mal) pode ser um bom sinal desagradar aos dois lados.

Dia desses fui a um programa de rádio falar sobre futebol. Estava subentendido que eu defenderia meu time, o Grêmio, coisa que não me custa nenhum esforço. Lá pelas tantas falei que, se tivesse o time do Inter, o Grêmio teria se saído melhor do que o rival no campeonato. A torcida faria a diferença. Exagerei, como é de praxe nestes programas, dizendo que seríamos campeões três rodadas antes se tivéssemos os jogadores que levaram o Inter ao quinto lugar.

Passei o resto da semana ouvindo protestos de colorados que acharam que subestimei a torcida vermelha. Normal. Surpreendente foi ouvir, também, protestos de gremistas dizendo que subestimei o time azul.

Alguém achou que falei bem da torcida gremista e do time colorado? Não que eu saiba.

A BELEZA DOS FRA(N)COS

SENTA A PUA
QUEBRA O PAU
MANDA BRASA
SOLTA A FRANGA
SAI DE BAIXO
BAIXA A LENHA
MANDA VER
RODA A BAIANA
ENTRA DE SOLA NA SALA VIP
MAS ME DEIXA FORA DESSA GUERRA SANTA
SANTA IGNORÂNCIA
HAJA PACIÊNCIA

Tenho tédio à controvérsia. A frase é de um personagem de Machado de Assis. Perfeita. Ele poderia ter usado a palavra "aversão" ou "ojeriza" ou "nojo" ou qualquer termo mais exaltado para ficar simétrico aos nervos à flor da pele que a palavra "controvérsia" sugere. Mas o venerável mestre confrontou a excitação da controvérsia com o cansaço, enfado, desânimo do tédio. Perfeito. Desarmou a bomba. Como nas artes marciais em que a força do adversário é usada contra o próprio.

Tenho tédio à polêmica. (Agora eu é que falo. Se o ouvinte não conhece a origem da frase, passarei por inteligente! Nah, seria muita cara de pau! Faço questão de dar a autoria. Reconhecer é tão bonito quanto criar).

Não tenho paciência para a briga de recreio colegial, o cuspe no chão com pé passado em cima, a retórica vazia jogada pra torcida como beijos de centroavante que muda de time a cada semana.

Quero ser fra(n)co e quero receber a fra(n)queza como um presente. Quero discordar ao pé do ouvido, com um sorriso tímido no rosto. Quero a mão na mão trêmula, sem luvas de box. Quero o olho no olho marejado, sem óculos escuros. Quero o frio dos pés sob o cobertor, sem coturnos.

Polêmica é a cocaína das ideias. E cocaína, vocês sabem, é uma máquina de fazer chatos. Quero de volta as horas que perdi tentando conversar com caras travados que não escutavam. Só falavam. Alto demais, rápido demais, besteiras demais. Convictos demais.

Tenho tido meu quinhão de polêmicas. Não as procurei nem tentei evitá-las. São efeitos colaterais de algo, para mim, muito mais importante e interessante: as canções, os textos, as ideias...

Sou um cara simples, com ideias claras (ainda que pouco comuns). Sei que, no meio em que me movimento, a polêmica é considerada um valor em si. Sinônimo de maior exposição, capa de revista, acessos ao *site*. Mas esse é só o meio em que me movimento, não sou eu.

SE AS CORES VÃO BERRANDO
NUM SOL ENSURDECEDOR
EU FECHO OS OLHOS, OUTRO MUNDO
VOU MORAR NO INTERIOR

FOGO CRUZADO AMIGO

SE OS ROMANOS TE TIRAM PRA CRISTO
E OS CRISTÃOS TE CHAMAM SATÃ
SE TE DIZEM QUE FOI ONTEM
OU MANDAM VOLTAR AMANHÃ

SE COLORADOS TE ACHAM GREMISTA
E GREMISTAS TE ACHAM PÉ-FRIO
SE TE DEIXAM FORA DA LISTA
GREGOS, TROIANOS, JUDEUS E GENTIOS

SE, NO FIM DAS CONTAS,
CHEGAS À TRISTE CONCLUSÃO
DE QUE "NÃO TEM JEITO,
TODOS ELES TÊM RAZÃO"

RELAX...
RESPIRA FUNDO...
MESMO QUE O SOM DO TELEFONE
PAREÇA O FIM DO MUNDO

EMBAIXO DA CAMA, ATRÁS DA PORTA
VINDO NA TUA DIREÇÃO
PODE NÃO SER UMA JIBOIA
PODE SER PARANOIA, MEU IRMÃO

POR TODOS OS LADOS
O MESMO INIMIGO
O FOGO CRUZADO
É FOGO AMIGO

Perfume, tempero e afeto: ao mesmo tempo em que satisfazem, anestesiam. Quanto mais se têm, mais se quer. Quem usa muito sal ou *Chanel* acaba se acostumando. Precisa de mais para sentir o mesmo.

Gosto do cheiro das coisas, mas não dou a mínima pros perfumes que vêm em vidros, *sprays*, chicletes e fraldas descartáveis. Desconfio daqueles anunciados por mulheres maravilhosas e homens sem camisa. Sou cego e surdo aos apelos das embalagens e dos nomes.

Frascos de perfume me parecem objetos tão tristes quanto um buquê de flores. Tentativas infantis de resumir tudo de bom que a natureza tem. Sem espinhos, sem o trabalho de preparar a terra, regar. Tristes rosas vermelhas morrendo. Sufocadas pelo celofane.

Temperos também não fazem minha cabeça. Minha especialidade culinária é miojo. No vacilo, sempre deixo a embalagem do tempero cair na água quente. Pra não dar o braço a torcer, finjo que não foi nada e resgato o náufrago sachê do oceano escaldante com a ponta dos dedos. Um pouco por preguiça de pegar a ferramenta apropriada, um pouco para me punir pelo vacilo recorrente. Depois, como o miojo sem tempero. Por preguiça, pra me punir e porque, pra mim, tanto faz.

E o afeto? Ah, o afeto... Deste eu gosto! Apesar de meu cérebro mandar frequentes mensagens sinalizando que está tudo bem, que o número de pessoas que gostam de mim é maior do que mereço, sempre me parece pequena a quantidade de afeto que gerei. Fico olhando os caras que sabem sorrir na hora certa, abraçar do jeito certo, dizer o que todos esperam ouvir e... putz, este coraçãozinho gostaria de fazer miojo sem se queimar. Ao menos uma vez. Falta sabedoria.

Afinal, como se mede o afeto? Como sair desta sinuca de bico? Pintei o chão da sala e fiquei preso no canto? Como se mede o afeto, os cheiros e os temperos?

UM CAFEZINHO DE CORPO E ALMA

NA ESQUINA EM QUE SE ENCONTRAM CORPO E ALMA
HÁ MÚSICA OU SILÊNCIO, NADA MAIS
NADA MAIS É DEFINITIVO NA TRANSIÇÃO ENTRE ESTAÇÕES
NO LUSCO-FUSCO, QUANDO ANOITECE OU AMANHECE
NÃO HÁ DRAMA, NEM COMÉDIA NEM TRAGÉDIA
NA HORA INCERTA EM QUE SE BEIJAM CORPO E ALMA

(*) "Supervisor das tempestades" era a resposta de H. D. Thoreau a quem perguntasse qual era sua profissão. Resposta bem subjetiva para uma pergunta simples, objetiva.

Qual é a minha profissão? Toco num *power-duo*, escrevo num blog toda terça-feira e faço uma *twitcam* no dia 11 de cada mês. Se eu quiser ser mais direto vou me perder. Melhor deixar quieto.

(*) Se eu reclamasse da vida, Deus deveria lançar uma sequência de raios sobre minha cabeça. Ou me fazer ouvir todos os discos do *****. Mas, como este é o espaço da mais irracional franqueza, cabe o desabafo: aeroporto-asfalto-hotel-asfalto-aeroporto, às vezes, cansa. Por sorte, tenho uma cabeça pouco prática, o que me impede de ser um bom churrasqueiro, mas ajuda na hora de criar jogos mentais que aliviem a monotonia.

Um exemplo é o jogo de fotografar sombras (minha sombra na calçada de uma cidade estranha, na parede dos quartos de hotel ou a sombra do avião feito cobra no chão). Uma variante mais sofisticada é fotografar a estrada. Parece simples, mas esse jogo tem suas artimanhas. O sacolejar do ônibus, a precariedade da câmera do celular e o compromisso de rechear as fotos de signos e significados são os obstáculos a superar. As placas, viadutos e carros passam voando. O foco da câmera é lento. A luz não ajuda. Deve ser assim que se sente um caçador de borboletas raras.

Outra meta do jogo é escapar dos chatos hiperobjetivos e suas perguntas: Por que não usa uma câmera melhor? Por que não pede pro ônibus parar? Por que não faz no Photoshop? Geralmente quem pergunta isso é alguém capaz de passar horas jogando futebol no videogame sem que eu pergunte: por que não compra uma bola? Hey, caçador: por que não compra a borboleta na internet? Lá, raridade é a coisa mais comum!

(*) É fácil ver o absurdo na vida dos outros. Na nossa, tudo sempre parece normal e justificável. Somos bem mais generosos com nossa subjetividade do que com a dos outros. Dã, que novidade!

Adriane acha *nonsense* que eu vá caminhando para meus jogos de tênis. São 50 minutos de subidas e descidas com a mochila nas costas. Ela acha que (1) mesmo indo de carro, eu preservaria mais a natureza se não usasse iluminação artificial e bolas novas com tanta frequência, (2) aproveitaria melhor o jogo se entrasse na quadra descansado. Por outro lado, eu acho *nonsense* que ela suba pelo elevador quando chega em casa depois de malhar na academia. Quer saber? Nós dois temos razão... A razão não é uma só.

Um amigo me disse que não faz sentido usar iPod se posso ouvir música no *smartphone*. Este mesmo amigo carrega dois celulares, pois dependendo do local, é mais barato falar num ou noutro. Calculo que, em 10.000 anos, ele terá economizado o suficiente para comprar um terceiro telefone com o qual poderá poupar para comprar um quarto, quinto, sexto...

Outro amigo é médico, especialista em uma parte do corpo que eu não gostaria de visitar com a frequência que ele visita (ainda mais no corpo de outras pessoas). Cada vez que digo que vou tocar numa cidade pequena, distante e com nome esquisito, ele faz uma careta.

Agradeço a preocupação de ambos, mas estou muito feliz na minha estrada e tenho uma relação afetiva com meu tocador de música. Meus amigos não ficarão chateados com essas inconfidências. Amizade é o bar da esquina onde objetividade e subjetividade se encontram para um cafezinho (de corpo e alma). O absurdo que vejo neles, eles podem ver em mim. Hey, taí uma bela profissão: sermos gentis espelhos de nossos absurdos.

Na contramão do clichê "a grama do vizinho é sempre mais verde", Sartre resmungou que o inferno são os outros. Ah, mas sem os outros não há paraíso, né, *monsieur*?

> **Bah:** Numa noite dessas, sonhei que estava numa praia e via um cara pegando onda de forma estranha: imóvel sobre a prancha que seguia numa linha reta rumo à areia. Não desenhava curvas, desvios, nenhuma daquelas manobras bonitas.
>
> Olhar aquela trajetória matemática e inabalável sobreposta ao caos orgânico das ondas era logicamente absurdo. Absurdamente lógico. Parecia que Deus tinha colocado um enorme esquadro sobre a borda do oceano Atlântico e traçado uma linha reta num mapa-múndi. Qual a graça de surfar o caminho mais curto entre dois pontos?

CITY TOUR
DA ALMA

(*) Entrei no quarto do hotel, joguei a mala na cama e abri a cortina. Pela janela que ia do chão ao teto entraram os azuis do céu e mar. Linda praia do nordeste. Eu me virei, procurando a câmera fotográfica e vi minha sombra projetada na parede. Foi a primeira coisa que fotografei.

Se somos senhores da nossa vontade, se não estamos simplesmente seguindo a manada, olhar pra dentro e olhar pra fora não são coisas muito diferentes. São sempre paisagens nas quais objeto e observador se confundem.

(*) Há músicos que levam a casa para a estrada. Seguem a rotina sem sobressaltos: pensam com inteligência, sentem com emoção, almoçam comida típica no típico horário do meio-dia, dormem à noite, acordam pro café da manhã, visitam os pontos turísticos de cada cidade (sejam eles um sítio arqueológico ou um shopping *high tech* - para corações turistas, a diferença é pouca).

Há músicos que levam a estrada para casa. Eu, por exemplo. Minha arte/ofício transbordou e tomou conta da minha vida. Agradeço a Deus pelas belas paisagens que Ele tem colocado nas janelas dos hotéis e pelos ótimos restaurantes nas esquinas, mas agradeço muito mais por minha arte/ofício. É ali que busco enxergar. É ali que me alimento. Aprendi, ali, a sentir com inteligência e pensar com emoção. Os sobressaltos, aprendi a chamar de “vida”.

Me sinto deslocado nestes tempos de café sem cafeína, cerveja sem álcool, esquerda *light* e *diet* indigestão. Eu nunca soube trabalhar com baixos teores. Isso já me criou mais confusão do que eu gostaria de admitir. Mas foi essa intensidade que me trouxe até aqui. Então, não me resta alternativa: aceito e agradeço.

O resultado? Algumas palavras com mais sílabas do que deveriam ter, alguns solos com mais notas do que deveriam ter, alguns silêncios maiores do que deveriam ser. Quanto mais sei que há coisas mais importantes do que minha arte/ofício, mais sinto que não há nada mais importante do que minha arte/ofício. Dá pra entender? Não, né? Como tantas outras coisas...

(*) Um especialista é alguém que conhece um assunto há menos de 20 minutos (um turista?) ou mais de 20 anos (um nerd?). Essa distinção entre nerd e turista não é qualitativa, fique claro. São duas visões de mundo com boas razões para existir. Também não é muito rígida a fronteira entre elas. Podemos ser um ou outro, dependendo da circunstância.

Um tempo atrás, me convidaram para participar da campanha "12x8". É uma iniciativa legal, para divulgar a importância do controle da pressão arterial. Enquanto eu fazia fotos e gravava depoimento, um cardiologista me deu uma aula sobre os riscos da pressão alta.

Fui da gravação, direto para a academia: era hora do meu treino. Chegando lá, comecei a falar sobre o assunto com um senhor que estava na esteira ao lado. Ele ouvia tudo mostrando muito interesse. Enquanto eu passava adiante todo o conhecimento recém-adquirido, alguém saudou o companheiro de esteira que me ouvia: "Bom dia, Dr. Fulano". Fiquei surpreso, perguntei: "O senhor é médico? Qual especialidade?". "Cardiologista", ele respondeu.

Putz, que mico! Lá estava eu ensinando o padre a rezar missa... É, fiz papel

A DIFERENÇA É O QUE TEMOS EM COMUM

ME ESPANTA QUE TANTA GENTE SINTA
(SE É QUE SENTE)
A MESMA INDIFERENÇA

ME ESPANTA QUE TANTA GENTE MINTA
(DESCARADAMENTE)
A MESMA MENTIRA

ME ASSUSTA QUE JUSTAMENTE AGORA
TODO MUNDO (TANTA GENTE)
TENHA IDO EMBORA

TODOS IGUAIS E TÃO DESIGUAIS

(*) Quando digo que não gosto de ir ao cinema, recebo olhares que misturam espanto, reprovação e pena. Eu mesmo devo ter misturado esses três ingredientes quando li que o poeta João Cabral de Melo Neto não gostava de música. Ou quando ouvi Maria Bethânia dizer que não gosta do pôr do sol (segundo ela, é uma hora "nem barro nem tijolo").

Mais do que questões de gosto pessoal, me interessa o caráter provocador dessas declarações. São pequenos desafios ao bom-senso-uníssono-ensurdecedor. Valorizo cada vez mais os pensamentos minoritários, quase idiossincráticos. É preciso preservá-los da patrola e da patrulha. São como as notas dissonantes que embelezam tantos acordes. Não podem silenciar.

O mundo virtual, com suas redes sociais, propicia que pensamentos minoritários encontrem um fórum, o que é muito legal. Estranho é que esse encontro sirva para que se reproduzam os mesmos vícios das maiorias. Um monte de gente que pensa igual se encontra, se fecha em grupos muito específicos e perde contato com pensamentos diferentes.

Isolados, os iguais se realimentam, radicalizam e acabam atrofiando os músculos da tolerância. Já não são minorias: são maiorias em miniatura. Mas, como todos sabemos, uma lagartixa não é um jacaré pequeno.

É mais fácil pregar para os convertidos. Mas, faz sentido? Nah! Temos é que aprender a conviver! Sem represas, sem *apartheid*. Sem vidas secas, nem olhos úmidos.

Ops, se tá confuso o papo, provavelmente a culpa é minha. Só pensei nisso superficialmente, enquanto saía do estádio, depois de um GreNal. Vi dois caras caminhando, lado a lado, pacificamente, cada um com a camisa de um time. Pensei nisso porque esta paz me surpreendeu. Seria melhor se não surpreendesse: esta paz deveria ser normal.

VIVA A DIFERENÇA
CHAME DE XIMIA A GELEIA GERAL

(*) Quando entramos em contato pela primeira vez com uma banda, uma pessoa ou uma canção é natural que nos perguntemos com que outra ela se parece. Pensamos por analogia. Precisamos catalogar a informação, para isso usamos atalhos.

Tudo bem, se for só a reação inicial. O perigo é ficarmos para sempre nos resumos e simplificações. Pior ainda se, para sermos mais rapidamente entendidos, cedermos à tentação de abreviar, catalogar e traduzir nossas próprias atitudes.

Muito cuidado com a pessoa, a banda ou a canção que quer se parecer com outra!

(*) Algumas coisas são difíceis e levam tempo. Algumas dessas coisas (difíceis e que levam tempo) são as melhores da vida. Pensei nisso enquanto comia um pouco de lixo num *fast-food*.

Falando em comida (e mudando de assunto): acho estranho que as refeições sejam unanimemente aceitas como momentos de confraternização. Ok, ok, "partilhar o pão" é uma metáfora insuperável, sem dúvida. Mas não acho o ser humano, enquanto mastiga e engole, uma visão muito agradável.

Talheres, copos e guardanapos não ajudam muito a disfarçar a verdadeira finalidade do "churrascão" e da "jantinha". Pra ser sincero, acho as cenas de leões se alimentando que vejo no *Discovery Channel* menos agressivas do que a socialização que testemunho em alguns restaurantes e coquetéis.

Pena que não entendo nada de antropologia! Gostaria de saber se sempre foi assim, em todas as culturas. Será que alguma civilização fez do momento emblemático da alimentação algo solitário e introspectivo? É a hora em que mais nos aproximamos do pó do qual viemos e ao qual voltaremos. Abocanhar, mastigar e engolir matéria para continuar sendo matéria! Nós, pobres *spirits in a material world*.

Bah, desculpaí, se foi mais um pensamento estranho do tipo "não gostar de música, cinema e pôr do sol".

Bah 1: ...o prêmio de Melhor Nome de Rua vai para: "Padre Cacique"!

Bah 2: ...o prêmio de Melhor Nome de Cidade vai para: "Pinheiro Machado"!

Bah 3: ... e o prêmio de Melhor Pergunta vai para: João Cabral de Melo Neto! Ele perguntou a Vinícius de Moraes se o querido poetinha não cantava outras vísceras além do coração. Que figura ímpar, diferente! Como todos nós, né?

EFEITO MANADA

(A PATROLA E A PATRULHA)

MAIORIA ESMAGADORA VOZ DA RAZÃO BOM-SENSO UNÍSSONO ENSURDECEDOR

(*) Hegemonia me irrita. Melhor: me dá sono. Melhor ainda: irrita E dá sono. Seja nas relações pessoais, na moda, na tecnologia ou mesmo no futebol. Neste, se trata de ganhar, é claro. Mas acho bobagem as discussões sobre quem tem o maior estádio, a maior torcida.

Na indústria cultural, não é de agora o uso de metáforas bélicas: o filme foi um "*blockbuster*" (arrasa-quarteirão), a música "estourou", rolou uma "*blitz*" de divulgação, visando o "público alvo". Sintomático: guerra, hegemonia.

Fico irritado e com sono quando, num piscar de olhos, o país inteiro começa a usar palavras em italiano macarrônico ou termos mal-assimilados da cultura indiana porque assim falam numa novela da rede de TV hegemônica. O "efeito manada" não acontece só nas camadas mais populares. Se seus amigos cultos começaram a falar de *belle époque* com uma sincronicidade estranha, provavelmente deve ser influência de um novo filme do Woody Allen.

(*) Segundo a tese tecnicista, tudo que pode ser quantificado pode ser comparado e aprimorado. O raciocínio pode servir para uma fábrica de parafusos, mas será que faz sentido para qualificar vinhos, restaurantes ou perfumes?

Quando as mais importantes revistas especializadas começaram a dar notas numéricas (números com vírgula!) aos vinhos, a excitação do mercado foi evidente. Uma ferramenta para medir objetivamente o que é subjetivo. Quem realmente entende do assunto despreza esses *rankings*. Mas, para o mercado, funciona. E muito. Parece que as pessoas não estão interessadas nas sutilezas do vinho ou no prazer do jantar. Elas querem dizer que tomaram O MELHOR vinho e jantaram n'O MELHOR restaurante. Querem estar no lado hegemônico.

Existe o melhor beijo? Até pode existir, mas só na opinião de, no máximo, duas pessoas. O melhor beijo jamais será hegemônico.

(*) Acho que enveredei para este papo sobre hegemonia porque, enquanto escrevia, na sala de embarque do aeroporto, um menino puxou o pai pelo braço e, apontando para o meu *laptop*, disse: "Eu queria um computador daqueles da maçã. São os melhores do mundo, pai!".

Tive vontade de dizer: não entra nessa, garoto! O melhor computador é o de quem tem as melhores ideias. Não adianta entulhar as fotos de filtros bacaninhas que envelhecem e embelezam "naturalmente" a imagem. Nenhuma maquiagem esconde a falta de conteúdo.

Bons fones, se possível. Boa música, sempre!

DOIDA LÁGRIMA DOÍDA

(DO ÍDOLO CAINDO)

ELE ESTENDEU A MÃO DE FORMA INSUFICIENTE. UMA ISCA. PARA ME OBRIGAR A VIRAR A CABEÇA. QUERIA CRUZAR OLHARES. EU NEM TERIA NOTADO, NÃO FOSSE O SINO DAS CHAVES BATENDO UMA NA OUTRA. MEU OLHAR SAIU DO PAINEL DO CARRO, ONDE EU PROCURAVA UMA RÁDIO EM QUE NÃO ESTIVESSEM DIZENDO BOBAGENS. DO PAINEL PARA AS CHAVES, DAS CHAVES PARA OS OLHOS DELE, QUASE INVISÍVEIS SOB A SOMBRA DO BONÉ.

O TANQUE ESTAVA CHEIO, O TROCO ESTAVA CERTO. NÃO ERA ISSO QUE ELE QUERIA DIZER. QUERIA DIZER QUE ERA MEU FÃ. E QUE AGORA NÃO ERA MAIS. HAVIA SE CONVERTIDO: SÓ OUVIA MÚSICA RELIGIOSA. FIQUEI FELIZ. SÓ NÃO PEDI DESCULPAS PELO TEMPO QUE ELE PERDERA COM MINHA MÚSICA PORQUE SOAVA DESLOCADA MINHA FELICIDADE. EU PERDERA UM FÃ, ELE GANHARA UM SENTIDO PARA A VIDA. POR QUE, ENTÃO, EU ESTAVA ALEGRE E ELE PARECIA TRISTE, CONSTRANGIDO?

FIQUEI CONSTRANGIDO POR ELE ESTAR CONSTRANGIDO. SERIA CONTAGIOSO? E SE A CORRENTE DE CONSTRANGIMENTO SAÍSSE DO CARRO, JORRASSE DA BOMBA DE GASOLINA E CONTAMINASSE TODO O POSTO, A LOJA DE CONVENIÊNCIA, OS PRÉDIOS AO LADO? CONSTRANGERIA O MUNDO INTEIRO?

UMA BUZINA TROUXE MINHA MENTE DE VOLTA AO TRISTE ROSTO NO POSTO. TENTEI ANIMÁ-LO. FALEI QUE TROCARIA DE LUGAR COM ELE, NA BOA, POIS DEVE SER BOM TER AS RESPOSTAS DEFINITIVAS PRO ESPÍRITO E UM EMPREGO FIXO PRO CORPO. FOI COMO SE EU NÃO TIVESSE DITO NADA. ELE JÁ NÃO ME OUVIA.

VOLTEI PRA ABASTECER OUTRAS VEZES. NUNCA MAIS O ENCONTREI.

Tenho fãs melhores e em maior número do que mereço. Não entendo como, nem por que, mas agradeço a Deus. Quem começa a trabalhar comigo sempre se surpreende. Acho sintomática essa surpresa e cumprimento todos os “de fé” com um piscar de olhos imaginário: nós conhecemos a força da teia que tecemos. Silenciosamente.

Azar teve Eddie Van Halen. Nunca fez minha cabeça o som dele (pelo contrário, foi um dos motivos que me fizeram achar o baixo um instrumento mais interessante do que a guitarra em 87), mas reconheço sua maestria. Um gênio. Foi um cara seminal na revolução que colocou uma guitarra no quarto de cada adolescente americano nos anos 80 (ok, depois as guitarras viraram computadores, mas isso é outro papo, outra década).

Aquele rock’n roll pirotécnico ficou espremido entre o nervo exposto do *grunge* e o atletiscismo musical de caras como Joe Satriani e Steve Vai. Sufocado entre uma postura mais visceral e outra mais cerebral. É assim na vida e na arte: ciclos, movimentos pendulares, ondas que vêm e vão.

Injustificável é que os fãs do Eddie tenham se calado. É raríssimo, hoje em dia, alguém dar crédito ao cara pela influência que teve.

FAÇA UMA PRECE PRA FREUD FLINTSTONE
ACENDA UMA VELA PRA FREUD FLINTSTONE
SACRIFIQUE O BOM-SENSO NO SEU ALTAR

ESQUEÇA A PRECE PRA FREUD FLINTSTONE
ACENDA A FOGUEIRA PRA FREUD FLINTSTONE
VAMOS QUEIMÁ-LO VIVO, ENTERRÁ-LO VIVO

Cazuza cantou que seus heróis morreram de overdose. Imagino que se referisse a Jimi Hendrix, Jim Morisson, Janis Joplin... Atemporal, a canção fala das meninas Amy Winehouse e Cássia Eller, dos bateristas John Bonham e Keith Moon, dos baixistas Jaco Pastorius e Phil Lynott.

Metafórica, ela fala dos carros estraçalhados de James Dean e Albert Camus, dos voos interrompidos de Steve Ray Vaughan e Buddy Holly, dos mistérios de Robert Johnson e Jeff Buckley, dos absurdos disparos-para-o-coração de John Lennon e Kurt Cobain.

Prematuras, essas mortes condenam os mitos à vida eterna. Todas têm um pouco de encenação da Paixão de Cristo. Adorados, os *posters* ficarão para sempre imitando crucifixos na "parede da memória".

Há heróis que continuam por aí, fazendo de conta que o tempo não passa (Jagger/Richards e McCartney, por exemplo). E há aqueles que, de uma forma ou outra, em um momento ou outro, saltaram do bonde (o bonde chamado desejo?). É pensando nesses que escrevo: os caras que me ensinaram a ser jovem e estão me ensinando a envelhecer.

Joni Mitchell encheu o saco da forma como as mulheres são vistas na indústria cultural e foi pintar. Bjorn Borg achou que era muita pressão ter que acertar todas as bolas e foi errar um pouco na vida. Leonard Cohen raspou o cabelo e foi ver de perto qualé a do budismo. Roger Waters ergueu, demoliu e cantou (não necessariamente nesta ordem) seu próprio muro. Dylan, por várias vezes, saltou do bonde (a primeira: depois do acidente de moto em 66; a mais recente: o mergulho no trabalho, na *Never Ending Tour*).

O que há de comum nesses exemplos? Eles acharam que o solo estava muito duro, seco demais para receber sementes? Acharam que a esponja não absorveria mais nada por estar molhada demais? Pode não haver nada em comum, eu posso estar forçando a barra, mas realmente acho que esses caras assumiram as rédeas, traçaram os próprios rumos.

Parece pouca coisa? Só para quem nunca fez isso.

UM BAND-AID PRA ALMA

PASÁRGADA NÃO É UM REINO
SÃO AS TECLAS DO PIANO
SÃO AS CORDAS DO VIOLÃO
LÁ SOU AMIGO DOS REIS
DO IÉ IÉ IÉ E DO BAIÃO

PASÁRGADA NÃO É UM REINO
SÃO MEUS FONES DE OUVIDO
ANJOS CANTANDO SÓ PRA MIM
LÁ SOU AMIGO DOS REIS
FREDDIE, ALBERT E BB KING

(*) Não acho que minha música seja boa trilha sonora para autoajuda. Não tenho nada a ensinar e não quero que minha melancolia ou minha excitação, minhas crenças ou meu ceticismo, sirvam de exemplo para ninguém. Ouço relatos de pessoas dizendo que uma canção minha as ajudou em momentos difíceis e transbordo de felicidade. Que bom! Mas confesso que não penso nisso quando escrevo. Melhor que seja um efeito colateral algum proveito que alguém faça de meus versos e acordes.

Desconfio de hinos, músicas lineares, puramente motivacionais, em que tudo-tudo-tudo-vai-dá-pé-quando-o-sol-brilhar-tudo-de-bom-vai-acontecer-e-quando-a-noite-chegar-vai-rolar-a-festa. Honestamente, não sei até que ponto esta overdose de alto-astral ajuda as pessoas. Não me surpreenderia se o número de suicídios no carnaval fosse maior do que na quaresma. Não acho que uma música melancólica aumente a melancolia. Na verdade, ela faz companhia.

(*) Tenho um pé atrás com pessoas que estão sempre de bem com a vida. Já vivi o suficiente para saber quando alguém está querendo enganar a si mesmo enchendo as frases com adjetivos exagerados e excessivos pontos de exclamação. Conheço artistas que perderam o brilho nos olhos depois de anos se obrigando a achar tudo legal, dando tapinhas nas costas de cada colega, paparicando cada fã. São "gente finíssima", fina camada, verniz superficial sob o qual já não existem.

O outro pé também tenho atrás: com pessoas que estão sempre de mal com a vida. Já vivi o suficiente para saber que o fim do mundo não acontece todo dia da semana. Profissionais do mau humor apocalíptico não me convencem. Conheço artistas que perderam o brilho nos olhos depois de anos se obrigando a odiar tudo, dando punhaladas nas costas de cada colega e virando a cara para cada fã. Grosserias, sob grossa camada de gelo, esses caras já não existem.

A virtude está no meio-termo. Mas o meio-termo a gente nunca sabe onde é, né? E William Blake disse que "o caminho do excesso leva ao castelo da sabedoria"! Ah, aforismos são o *band-aid* do pensamento: só servem para cortes superficiais. Ih, acabei de criar outro aforismo, né?

ALEGRIAS E TRISTEZAS: É A VIDA
#FATO
SEMPRE ALEGRE OU SEMPRE TRISTE
#SEMPRE CHATO

A ONDA AGORA É OUTRA ONDA

(*) Desde o início da minha saga de músico-amador-profissional, acompanhei várias mudanças drásticas (ah, que vontade de usar a palavra "revoluções") na tecnologia de áudio. Entre elas, a digitalização (que tirou do chão os pedais e empilhou os efeitos num *rack*) e o MIDI (um protocolo para teclados trocarem informação). Sem falar nos processos de gravação (Ops, estúdio é papo de produtor. E produtor é quem transforma música em produto. E eu sou músico).

A revolução (pronto, usei a palavra) mais sintomática foi uma que não aconteceu. Na primeira metade dos anos 90, a revista *Keyboard* veio com uma capa definitiva: "*The Next Big Thing*". Falava de uma nova tecnologia de sintetizadores, a Próxima Grande Onda.

{Nos anos 60, os sintetizadores analógicos queriam imitar o som de instrumentos já existentes, mas o resultado ficava tão distante que soava original. E ser original, acreditem, era do caralho! Com a digitalização, nos anos 80, abria-se uma estrada potencialmente infinita para a originalidade. Dando as costas a essa estrada, os sintetizadores começaram a ter, cada vez mais, sons que imitavam instrumentos já existentes: pianos, órgãos, cordas, metais e até *Moogs* e *Oberheims* (os teclados analógicos do passado recente). Criou-se um vácuo, um buraco negro. Uma época sem sons próprios.}

A tal nova tecnologia, anunciada na capa da *Keyboard*, permitiria criar instrumentos virtuais. Se bem me lembro, davam como exemplo uma flauta com três metros de comprimento. Uma perspectiva *kitsch*, cafona, mas, pelo menos, prometia novos sons.

Só promessa. A revolução morreu na casca. O que pintou foi mais do mesmo: sons de piano elétrico (vindo dos anos 40), sons de piano acústico (lá do século XVIII), os sons que Keith Emerson tirava dos *Moog* e que Jon Lord tirava do órgão *Hammond* (nos anos 60 e 70), o som que Van Halen tirava de um *Oberheim* na canção *Jump!* (nos 80). Um salto? Para o passado.

(*) Os sons têm significados técnicos (frequências, timbres) e culturais (quem usou, em que canções). Características inatas e adquiridas. Misturando essas duas perspectivas, coisas interessantes e inesperadas acontecem.

Astor Piazzolla fez sociologia e piada quando disse que o bandoneon nasceu na igreja, mas cresceu nos bordéis. Um dos sons mais sexys do mundo, a *Clavinet Hohner*, usada por Stevie Wonder, foi criada para eletrificar o som do cravo (sim, aquele cravo do período barroco).

O mesmo caminho foi feito pelo órgão *Hammond*: originalmente pensado para igrejas e lares recatados, se transformou num som tão maravilhosamente sacana quanto a guitarra. Taí o Deep Purple de Jon Lord e Ritchie Blackmore que não me deixa mentir. *Smoke on the water, fire in the sky*. Peixe fora d'água, borboletas no aquário. Coisas fora do lugar. Inesperado e interessante. Como o mictório branco que Marcel Duchamp transformou em peça de museu.

(*) Pela minha natureza cética e por ter acompanhado a digitalização dos equipamentos de áudio, fui imune à histeria que tomou conta de algumas pessoas quando as mudanças chegaram ao dia a dia do cidadão comum. Eu me interesso pelas novidades, na medida em que elas podem me ajudar, mas não fico babando por *bits* e *bytes*.

Conheço gente que, literalmente, muda sua visão de mundo de acordo com o *software* ou *hardware* que tem à mão. Brinco com elas dizendo que não podem passar nem perto de uma sex shop, pois, se virem um vibrador... A piada poderia ser mais elegante, mas não poderia ser mais pertinente. É legal ser flexível, claro, mas mudar tanto tão rapidamente me parece esquizofrenia.

Bah 1: Ao propor, ente outros objetos, um urinol e uma roda de bicicleta como obras de arte, Duchamp se colocou na origem da arte conceitual, no início do século XX. Surgiam os *ready made*, objetos da vida cotidiana, que não eram artísticos *a priori*: artístico era o gesto de tirá-los do contexto. Ideia interessante, fundamental na história da arte, mas que já nascia com prazo de validade marcado. Uma segunda roda de bicicleta em museu já não faria sentido, né?

Bah 2: Com a digitalização, as transformações no mundo da fotografia foram parecidas com as do mundo do áudio: uma onda de filtros retrô amarelando fotos tiradas há apenas dois segundos. Passado pré-fabricado.

SEM PRESSA E PRA SEMPRE

PROVAVELMENTE
TEREI VIVIDO
MAIS DA METADE
DA MINHA VIDA
NO SÉCULO PASSADO

DAQUI PRA FRENTE
ESTOU DECIDIDO
NADA SERÁ
COMO TEM SIDO
UM JOGO JÁ JOGADO

PROVAVELMENTE
TER ESCOLHIDO
ESTE CAMINHO
SÓ FAZ SENTIDO
SEM PRESSA
E PARA SEMPRE

N'ALMA DA GENTE
JÁ EXISTIA
CICATRIZ ANTES DO CORTE
CINZA ANTES DO FOGO
VIDA APÓS A MORTE

Dia desses, quase todos os cronistas do jornal que leio fizeram crônicas saudosistas. Uma lamentava o fim do quebra-galhos do bairro. Outra falava do cheiro tradicional que cada bairro tinha e que já não sentimos. Uma terceira lembrava do som do afiador de facas que não passa mais pelas ruas do bairro. Na seção de esportes, protestavam contra o fim dos campinhos de futebol nos bairros.

Coincidência? Os cronistas são todos da mesma faixa etária e o outono em POA favorece a melancolia. Isso pode ter dado uma forcinha para a coincidência (e com ajuda de uma forcinha, já não é coincidência, né?). Afinal, bairros... ainda existem?

As crônicas são os únicos textos que leio no jornal de papel. Quando ele chega, as notícias lidas *online* já estão velhas. Mantenho a assinatura para forrar o banheiro dos meus cachorros, Laika & Bóris. Taí: uma das razões desse saudosismo pode ser o fato de os meios digitais não deixarem pegadas físicas. Pense na diferença entre deletar alguns textos e fazer uma faxina na biblioteca. Ficamos sem referências tácteis, olfativas, visuais.

Será que vem daí o fascínio exercido pelo som de LP arranhado na mente da molecada? A simulação desse som está em todos os sintetizadores digitais! Por isso os filtros amarelando fotos feitas a menos de um minuto nos *smartphones*? O tempo que amarela o papel não amarela o *display*. Esse, ou funciona ou fica preto. Geralmente é jogado fora antes disso. Não testemunha a passagem do tempo. Por isso fabricam um passado? Lembranças artificialmente envelhecidas em virtuais barris de carvalho.

É fofo, mas é *kitsch*, mas é fofo, mas é *kitsch*... As lojas de instrumentos de Porto Alegre (ah, Esparta Alegre: pretensa Liverpool jamaicana) estão cheias de guitarras retrô, *vintage*... Se pudessem, venderiam também o telhado de *Abbey Road. You say you wanna a revolution? Well, you know...*

> **Bah:** Não acredito que a memória seja um lugar esperando nossa visita. Penso que é algo que construímos a cada visita. E nunca construímos da mesma forma. Sempre que nos lembrarmos do primeiro beijo, será um beijo diferente. Será sempre outra pessoa, a pessoa que nos tornamos, a lembrar do mesmo beijo.

MOZART NOS DEVE UM RÉQUIEM PARA O IPOD

O REIPOD MORREU?
VIVA O REIPOD!
FAÇAMOS UM MINUTO DE SILÊNCIO
UM RÉQUIEM PARA O BOLSO VAZIO

(*) Dia desses perdemos um GreNal decisivo. Nos pênaltis! Nosso centroavante chutou a bola a perder de vista. Algumas horas mais tarde, Osama Bin Laden foi assassinado. Não me lembro de terem usado a palavra "assassinato". Eufemismos devem ter limpado a cena do crime. Ok, o cara era um mala, mas, pelo meu dicionário, o termo seria esse mesmo.

Por conta do meu fuso horário disfuncional (fruto do meu talento inato para trocar o dia pela noite e da minha rotina-sem-rotina de músico-amador-profissional), eu estava dormindo quando a notícia tomou conta do mundo. Quando acordei, a crer no relato, o corpo de Bin Laden jazia no mar havia algumas horas. A primeira mensagem que li no *twitter* dizia: "Pô, essa piada é velha: Osama morreu porque foi atingido pela bola do pênalti que Borges errou".

Menos de 24 horas depois, a piada já era velha? Era. Caramba!

(*) Dia desses vi, na capa do jornal, o desenho de um iPod andando de bengalas e usando cachecol, óculos e boina. O aparelho (tão inovador há tão pouco tempo) fora transformado num velhinho para ilustrar uma matéria que anunciava o iminente fim de seus dias.

Caramba! Tempos velozes para piadas e tecnologia.

(*) Se falo sobre passagem do tempo e obsolescência programada, deve haver algum motivo que não seja saudosismo. Tenho saudade, sim: de algumas pessoas, alguns objetos. Mas não tenho saudade de "tempo nenhum".

Voltar à adolescência, à faculdade, às primeiras raquetadas, aos primeiros acordes e letras? Deus me livre! Deixo eles lá, com todo o carinho do mundo. Estou de corpo e alma aqui e agora. Até os ossos neste exato local e momento.

Não acho que as coisas só tenham piorado. Pelo contrário. Vejo sinais bacanas e possibilidades no ar. Profetas do apocalipse querendo vender o melhor assento num bonde chamado "Fodeu" não me seduzem.

Não acredito que as respostas aos problemas de um mundo novo estejam na volta ao passado. Escolhi ter fé nas ferramentas que o ser humano cria. Escolhi ter esperança de que aprenderemos a usar essas ferramentas. Para o bem e para todos.

Não estamos no paraíso, é óbvio. Mas o paraíso não está no passado. Ainda bem: para lá não se pode ir!

A BAILARINA DE COTURNO

(DANÇANDO AO SOM DA ORKESTRA KAPRIKÓRNIKA)

AINDA CRIANÇA
LI UMA FRASE
ASSIM:
"AD ASTRA PER ASPERA"

ATÉ ENTENDI
SEM ENTENDER
LATIM

SEGUE A SAGA
ASSIM TRADUZIDA
POR MIM:
"ÀS ESTRELAS POR CAMINHO ÁRDUO"

DO LIVRO PRA VIDA
DO INÍCIO AO FIM

QUANDO NÃO RESTAR MAIS NADA
NOS ERGUEREMOS COMO CADARÇO DE COTURNO
COM OS BRAÇOS DE SATURNO
ABRAÇAREMOS NOVA ESTRADA
SE NÃO RESTAR ESTRADA

(*) *Bootstraps* são alças que as botas têm na parte superior do cano. Servem de apoio para as mãos na hora de calçar. O dito "*to pull yourself up by your bootstraps*" (algo paradoxal como erguer-se do chão puxando os próprios cabelos) sinalizava tarefas impossíveis. Com o tempo, virou metáfora para conquistas realizadas com esforço próprio, sem ajuda externa.

O termo se universalizou como definição de processos autossustentáveis. Agora, fala-se em *bootstrapping* no mundo da física, do direito, da linguística, dos negócios, da computação (bah, dá um *boot* aí, véio!) e em outros mundos.

Santa Tereza de Ávila teria dito que "uma cruz não deve ser arrastada, mas erguida, pois ao erguê-la nos erguemos com ela". Taí, *bootstrapping* no mundo religioso.

(*) Quando minha filha era suficientemente pequena para ouvir minhas gracinhas sem jogar o objeto mais próximo da sua mão na minha cabeça, eu vivia repetindo para ela: "Sabia que a gente bota a calça e calça a bota?", "Sabia que o sabiá sabia assobiar?". Moto-contínuo, frase sem início nem fim. Pai e filha. Tarde chuvosa, brinquedos pelo chão, nada legal na televisão. *Bootstraping* na falta do que fazer.

(*) Perguntei ao *Google* de onde vem a utilização do termo *bootleg* para "gravações piratas". O amansa-burro virtual me disse que a origem está no livro *As Viagens de Gulliver*, pois, em certo ponto da história, botas são usadas para esconder contrabando.

Alguns artistas, mesmo antes do mundo digital, liberavam e até facilitavam as gravações de seus shows. Grateful Dead é o exemplo clássico. Bob Dylan saiu na frente dos piratas e lançou, ele mesmo, sua *Bootleg Series*. Pirata oficial, se tal é possível.

(*) Enquanto Bruce Dickinson berrava *Die With Your Boots On* (morra lutando, com as botas nos pés), era o baixo do Steve Harris que eu ouvia quando ouvia Iron Maiden. Vi caixas de som levitarem, ouvi baixos erguerem bandas como se fosse possível tirar os pés do chão puxando o próprio cabelo. Iron Butterfly e Le(a)d Zeppelin deixam explícito nos nomes (borboleta de ferro, dirigível de chumbo) que mesmo o metal pesado pode flutuar.

(*) Eu tinha canções na cabeça quando mergulhei de cabeça na escuridão do armário dos calçados. Inverno chegando a POA, hora de ressuscitar minhas botas. Outros tênis vão hibernar. É assim todo ano. E todo ano fico um tempo admirando os ganchos que prendem o cadarço no cano da bota. Ali, o cordão não passa por orifícios, como é comum em sapatos e tênis. Fica a impressão de que aquela coisa não vai se manter amarrada. Mas os ganchinhos funcionam. A tensão se mantém pela tensão se mantém pela tensão se mantém pela tensão se mantém...

Moto-perpétuo. Na parceria. Se um deles entortar, desaba o castelo de cartas. *Bootstraping* é assim: tem que acreditar.

> **Bah 1:**. Maestro Saturno rege a Orkestra Kaprikórnika. Deus romano da justiça, força e agricultura, ele equivale ao grego Cronos. Quem sabe o que significa cronômetro ou cronologia sabe que o tempo não para. Cada vez que mergulho na escuridão do armário de calçados, é outro inverno. Sou outro eu.

> **Bah 2**: Derek Riggs, o desenhista que, através das capas de disco, criou a identidade visual do Iron Maiden, parou de desenhar por um tempo por estar com Síndrome da Fadiga Crônica. Demorou 10 anos para descobrir a causa: intoxicação por metal pesado. O mercúrio consumido na água e o metal liberado pelas obturações dentárias foram os responsáveis. Irônico: um ícone do design heavy metal hipersensível a metal pesado. Ah, a fadiga dos metais!

> **Bah 3**: Quem é o primeiro a dançar num campo minado, uma bailarina usando coturnos ou um soldado de sapatilhas?

MESTRE E DISCÍPULO, UM HOMEM SÓ

FALA AGORA: ONDE ESTÁ QUEM ESTÁ NO SEU LUGAR? NUM ESPELHO? NUMA ESTRADA? ESPERANDO O INESPERADO?

(*) Em bate-papos esportivos, na falta de assunto mais momentoso, frequentemente pinta a questão "é necessário ter sido jogador para ser técnico?". Sempre tem alguém que responde: "Pra ser jóquei não precisa ter sido cavalo!". É um clássico da oratória.

Cada caso é um caso (isso vale para todos os casos), mas não me parece coincidência que grandes técnicos tenham sido jogadores medíocres (Felipão no futebol, Brad Gilbert no tênis). Faz sentido: eles tinham que superar suas limitações, otimizando seus recursos (tutano!). Imagine Pelé ou Maradona dando instruções a seus atacantes: "Pega a bola, dribla cinco e mete no canto onde o goleiro não está. E faz isso três vezes, tá?". Fácil, né? Não poderia dar certo.

Na produção musical rolaria algo parecido. Se Jimi Hendrix produzisse um solo, diria: "Cara, faz esta guitarra pegar fogo, toca coisas que ninguém nunca ouviu e que todo mundo precisa ouvir!". Se Jaco Pastorius produzisse uma base: "Véio, toca como se o baixo fosse um coração bombeando sangue e suingue para o resto da banda!". Fácil, né? Pra eles.

Os pré-requisitos necessários ao bom produtor (ou professor) são quase opostos aos necessários ao bom artista. Ele não precisa ser autoral, pelo contrário, tem que ter um estômago bem flexível.

(*) Meu estudo formal de música se resume a alguns meses de aulas de bandolim. O resto aprendi sozinho (isso é só um modo de falar, sozinho não se faz nada e nada se aprende – quis dizer que aprendi sem um professor). Se eu nascesse de novo, buscaria os melhores professores. Mais por divertimento (adoro exercícios, escalas, teoria), pois não creio que melhorasse minha escrita musical.

Quem me ensinou a tocar violão, viola caipira, piano, baixo, guitarra, gaitas de boca e de fole foram minhas canções. Eu não sei tocar os instrumentos, sei tocar as canções. Se por um lado corro o risco da autorreferência estéril, por outro, sei que tudo que crio tem meu DNA impresso. E, no fim das contas, quem tenta aprender tudo com todos e agarrar o mundo com as mãos corre o risco de ficar com as mãos esterilmente vazias.

Ensinar a si mesmo, aprender com as próprias canções... não recomendo esse *bootstrap* a ninguém. É perigoso. Olhar para o espelho, recomendo. É necessário. A fina linha que separa o perigo da necessidade é tarefa de cada um desenhar. Nenhum mestre pode fazer isso por nós.

(*) Por que essa pressa? O caminho mais curto entre dois pontos pode ser uma bênção ou uma maldição. Cada caso é um caso (e isso continua valendo para todos os casos).

PERDER O RUMO É BOM
SE PERDIDO A GENTE ENCONTRA
UM SENTIDO ESCONDIDO EM ALGUM LUGAR

Bah 1: Pode ser coincidência e azar, mas aonde quer que eu olhe, vejo gente deitando cátedra e cagando regra. Bastam 15 minutos de TV ou www para que todos os problemas do mundo físico e espiritual estejam solucionados. Em alguns casos, fico pensando "por que não aplicam isso na própria vida?". Às vezes é difícil acreditar que aquelas palavras saíram daquela boca. Que aqueles dedos teclaram aquelas frases. Esses senhores que sabem tudo poderiam ter dado uma olhadinha no espelho antes de sair de casa, né?

Não gosto deste ditado, acho injusto com grandes mestres, mas às vezes dá vontade de dizer: quem sabe faz, quem não sabe, ensina.

Bah 2: aprendi num filme do Wim Wenders: falar sozinho, mais que falar, é ouvir.

ASSIM MARCHA O EXÉRCITO DE UM HOMEM SÓ

HÁ UM MAPA DOS MEUS PASSOS NOS PEDAÇOS QUE EU DEIXEI

(*) Quando vejo mapas mostrando como o *Homo Sapiens* se espalhou pelo planeta, saindo da África, sempre penso: taí uma caminhadinha que eu gostaria de fazer! A vontade passa quando me lembro do sol que teria que aguentar.

Adoro caminhar, ver o tempo imprimir, na lona dos meus tênis, o desenho dos meus pés. Como uma chapa de raios-X. Olho para baixo e vejo um par de sudários andando por aí. Como um polegar na carteira de identidade, eu carimbo pegadas no chão de Porto Alegre. Onde o solo é mais propício. Quando asfalto, basalto e paralelepípedos dão chance à terra.

Assim caminha a humanidade, marcando o chão e sendo marcada por ele. Assim caminho e assobio: "*Ascensão e queda são dois lados da mesma moeda*".

(*) Decidi não ter mais carro. Não pense que é um ato heroico, de consciência ambiental. Confesso que vivo pedindo emprestado o trator da minha mulher ou o fusquinha da minha filha. Graças a Deus, de segunda a quinta, consigo levar minha vida relativamente independente de horários, dá pra fazer quase tudo a pé. Nos shows dos fins de semana, ando de ônibus e avião, nunca de carro.

Ser um pedestre desperta outras sensibilidades. Quando falam sobre automóveis, geralmente as pessoas analisam a potência do motor, o conforto, o quanto de inveja causará no vizinho de garagem (apesar de poucos admitirem isso). O que eu mais prezo em um automóvel são as luzes que piscam avisando se o cara vai dobrar à direita ou à esquerda. O som das buzinas também me interessa. São acessórios para que o carro se comunique. Com civilidade, pois ser dono de um carro não significa ser dono das ruas e estradas.

Quando falam de *smartphones*, as pessoas geralmente analisam a velocidade do processador, a variedade dos aplicativos. Eu reclamo da pouca visibilidade da tela ao sol. E acho incrível que o *touchscreen* funcione mesmo na chuva. É o ponto de vista de quem caminha ao sol e na chuva. Fora do casulo sobre rodas.

(*) Caminhando, a gente saca nuances que passam despercebidas quando estamos motorizados. Em um mesmo trajeto, conforme a hora do dia, a sombra estará neste ou naquele lado da rua. Conforme a estação do ano será melhor andar ao sol ou à sombra. Se queremos uma caminhada mais introspectiva, melhor respeitar as curvas de nível do terreno, evitar subidas e descidas. Se ganhar tempo é a prioridade, melhor enfrentar as lombas. E o suor.

Caminhando, esbaforido no verão ou enregelado no inverno, é comum alguém me reconhecer, parar o carro e perguntar admirado: "E aí, caminhando ?!". Nunca me ocorreu ir para o meio da rua, parar o tráfego e gritar "E aí, andando de carro ?!". Sensibilidades diferentes.

(*) Sou fã das leis do trânsito. É lindo que alguém tenha estudado o fluxo e decidido que esta rua só deve ir, aquela só deve voltar, aqui não dá pra dobrar, lá é obrigatório parar. Parecem limites, mas, na verdade, são os alicerces de uma liberdade maior.

Se cada um pudesse ir para o lado que quisesse, fazendo o caminho mais curto entre dois pontos, a cidade pararia num engarrafamento insolúvel. As regras do trânsito são, para mim, a melhor tradução do dito bíblico "disciplina é liberdade".

Ok, ok, talvez eu tenha esta boa vontade porque nós, pedestres, podemos andar para o lado que quisermos. Na verdade, também temos nossos limites: não pense em pular aquele muro para atalhar, há um cão estressado te esperando no outro lado!

(*) Moro numa cidade que anda e caga para quem anda. O motorista não respeita a faixa, o condomínio não respeita a calçada, o dono do cachorro não respeita a higiene.

À noite, sensores de movimento acendem as luzes dos condomínios quando passo. Deixo para trás um rastro de luz inútil. Ilhas de claridade desabitada. Sou apenas um vulto suspeito para motoristas que, assustados, tentam entrar na garagem antes mesmo de o portão abrir. Calma, meu senhor, estou só caminhando, não me interesso por seu carro, pode esperar os guardas do castelo baixarem a ponte sobre o fosso dos jacarés.

Havia terrenos baldios. Espaço de transição entre bairros, cidades, pessoas. Havia jardins, transição entre espaço público e privado. Estão todos cercados. Há muros e grades. O que é meu é meu; o que não é meu não é de ninguém. Não tome minha conversa como melancolia saudosista. Só estou vendo as flores crescerem. Com seus espinhos.

Nas minhas andanças, tenho notado outra mudança na cidade: está ficando mais raro ver nas esquinas restos de rituais de religiões afro-brasileiras. Qual será a causa? A especulação imobiliária? O avanço dos tele-evangelistas? Não sei... Questões profundas demais para este simples andarilho.

(*) Ops, peraí! Desde o dia em que escrevi estes parágrafos até a revisão de hoje, alguns motoristas pararam na faixa de pedestre para que eu atravessasse! Também vi pessoas levando sacos plásticos junto à coleira dos seus cães! Até reparos em uma calçada eu testemunhei! E agora? Deleto meu comentário anterior ou ignoro os fatos novos?

Do ponto de vista estatístico, minha amostragem é irrelevante. Eu teria que passar anos andando pelas ruas para que minhas observações, seja do descaso por calçadas e pedestres, ou da educação de motoristas e donos de cães, formassem um número matematicamente representativo.

A vida é assim, não podemos nos basear na matemática das nossas vivências (você acha que conhecerá uma amostragem significativa de pretendentes antes de decidir ficar com alguém? Pode tirar o cavalinho da chuva!). Na hora do salto, quando a ciência nos deixa na mão, vale muito o instinto.

Mas afinal, com qual das minhas experiências ficarei? Barbárie ou civilização? As duas. A primeira para me indignar e a segunda para criar alguma esperança.

O passo é uma queda evitada por outro passo.

> **Bah**: *Kaprikornianos kerem Kombis e Kangoos kom kâmbio mekâniko. Kreem ke kâmbio automático kansa.* A dupla condição de pedestre e músico me fez notar uma mudança na cidade

que urbanistas não captarão: o som do trânsito tá diferente. A popularização do câmbio automático faz os carros arrancarem mais lânguidos a cada esquina. Um modo de dirigir mais impessoal toma conta das ruas. Eu? Gosto de fazer meu próprio café e mudar minhas próprias marchas. Caminhando, eu e minhas botas somos ainda mais livres.

AINDANDANDO, TENTENTENDER

**EU ME SINTO UM ESTRANGEIRO
PASSAGEIRO DE ALGUM TREM
QUE NÃO PASSA POR AQUI
QUE NÃO PASSA DE ILUSÃO**

(*) Parece que estou parado e que o chão é que se move. Eucaliptos apressados passam. Passam dias e semanas. As esquinas também passam. Chuto a pequena pedra, ela fica parada comigo, pois é a calçada que passa. As árvores, os muros e as grades passam. Agora, até a pedra, que parou, passa por mim. Eu sigo. Uma estrela numa propaganda de uísque manda "*keep walking*"; eu obedeço.

Quando a sinaleira passou por mim, ouvi o som que nunca ouvira: verde-CLAC-amarelo-CLAC-vermelho... a sucessão tem som! Inaudível dentro dos carros ou mesmo fora, se a cidade estiver no seu ritmo normal. Seu anormal ritmo normal.

Para mim, hoje, tudo pass'a'normal. O feriado libertou os prisioneiros, foram para serra ou litoral. A cidade está silenciosa. Dá pra ouvir a sinaleira trocando de cor. CLAC!

Fora da minha cabeça, por quanto tempo essas ideias sobreviveriam? Como vírus e bactérias que morrem expostos ao ar, ideias precisam de um hospedeiro? Outras cabeças?

Saindo do Rio Grande do Sul, por quantos quilômetros faz sentido a palavra sinaleira? Quando vira semáforo? E goleira, até onde significa a meta (o gol, o arco) e quando passa a ser a fêmea do goleiro? Bergamota, fatiota, pandorga, amolado, atucanado, pechada... isso faz sentido em outros estados? Em outro estado de espírito, faço sentido?

Ando, penso, assovio: "*Quem não precisa de uma versão, uma tradução*".

(*) *Lost in Translation*, o filme de Sofia Coppola, chegou ao Brasil como *Encontros e Desencontros*. Parece uma *inside joke* (brincadeira para iniciados) pois *lost in translation*, a expressão, se refere a termos que perdem o significado se traduzidos literalmente.

É o significado que se perde na tradução ou somos nós que nos perdemos na impossibilidade de traduzir? Entre encontros e desencontros, nem bússolas nos ajudam: no mapa de um estadunidense, o Peru é a Turquia (*Turkey*). O braço de uma guitarra é pescoço (*neck*) e a mão é cabeça (os instrumentos com sistema de afinação que dispensa a mão são *headless*).

O que um *mother fucker* tem a ver com um *filho da mãe*? O que *kiss my ass* tem a ver com *tomar no c** ? Americanos não têm uma palavra para corno (por serem mais liberais no comportamento ou mais limitados no idioma?).

O que não se perde na tradução é o tom da voz de quem diz essas coisas. O tom, a forma de falar, diz tanto quanto o significado da palavra. É a voz que chega antes do verbo. É o som que fica depois do silêncio.

(*) Quando fui a Los Angeles gravar o disco *Simples de Coração*, o produtor se amarrou no disco e quis fazer uma versão em inglês. Ele me apresentou um letrista americano para ajudar na tradução, mas... não rolou. Tudo parecia *lost in translation*. Resolvi fazer sozinho. Achei que ficaria melhor mesmo se ficasse pior.

(*) O que escrevo caminhando (teclando no celular, correndo risco no campo minado por buracos e bosta de cachorro) pode ser entendido por quem está parado? Tomara que sim. A Marselhesa também faz sentido pra quem não é francês.

SE TUDO PASSA, TALVEZ VOCÊ PASSE POR AQUI
E ME FAÇA ENTENDER TUDO QUE VI

TÁ LEGAL,
TÔ LIGADO!

FOTOS DE SATÉLITE, VISÃO DE RAIO X
CÃES FAREJADORES, DETECTORES DE METAL
CURRÍCULO ESCOLAR, TESTE DE QI
PREVISÕES DO TEMPO, TARÔ, MAPA ASTRAL
NÃO CAPTARÃO

CAPAS DE REVISTA, LISTA DE DEZ MAIS
GRAMPO TELEFÔNICO, MALHA FINA
A LEI DA SELVA E DOS TRIBUNAIS
LEITURA DE MÃOS, CÂMERA ESCONDIDA
NÃO CAPTARÃO

SONDAS E RADARES NÃO CAPTARÃO
REVISORES ORTOGRÁFICOS TAMBÉM NÃO
PESQUISAS DE OPINIÃO NÃO CAPTARÃO
OS CARAS LIGADOS SE ATRASARÃO
E NÃO CAPTARÃO

(*) "Se fosse uma cobra, teria me picado!" Usávamos essa expressão ao encontrar algo que procurávamos e estava na nossa cara o tempo todo. Geralmente, era precedida por um "bah" surpreso e levemente envergonhado. Não sei se a validade da expressão se limita ao tempo e espaço da minha infância. Talvez, cada época e região expresse, de forma diferente, esse sentimento universal e atemporal: "Bah, se fosse uma cobra, tinha me picado".

Depois de muito tempo sem ouvi-la, a frase voltou à mente quando me ensinaram um atalho para editar o BloGessinger. Um ícone óbvio (um lápis) muito bem exposto (sob a postagem). Caraca! Dezesseis semanas sem que eu visse o que estava ali, na minha frente! Se fosse uma cobra, teria me picado.

(*) Numa das minhas caminhadas para jogar tênis, um cara me parou e perguntou se eu era maçom. Respondi que não, recoloquei meus fones no ouvido e segui. Achei que a pergunta era consequência destes filmes com teorias conspiratórias (acho que *O Código da Vinci* estava em evidência, sei lá...). Menos de um mês depois, com outro cara, a cena se repetiu. Pô, não podia ser coincidência! Maçom? Por quê? Não sei nada a respeito...

Ao passar por uma vitrine espelhada notei, na raqueteira que eu carregava às costas, a semelhança entre a logomarca das raquetes Volkl e o símbolo maçônico. O logo é formado por dois "V" espelhados na horizontal. Parece mesmo o esquadro e o compasso. Se fosse uma cobra, teria me picado. Nas costas!

(*) Excesso de atenção em alguma coisa é desatenção para outras. Reclamam muito do déficit de atenção da molecada *multitask*, criada a 20 cm de uma tela de computador: "Sem foco, fazem mil coisas ao mesmo tempo!". Será que eles estão desaprendendo a viver? Ou estão aprendendo a viver de outra forma, o mundo que lhes toca?

O mundo, assim como a gente, nunca está pronto. Vive mudando. Muda para viver. Ser contra todas as transformações faz tão pouco sentido quanto ser a favor de todas elas.

(*) Os orelhões estão quase extintos. O mesmo está acontecendo com a vida pública, com o espaço não privatizado. Cada um com seu celular, cada um com seu carro, nada de transporte ou telefone públicos. É a regra. Escolas, hospitais e até a segurança caminham a passos largos para o mesmo destino. Cada um por si.

Faz tempo que não esbarro num orelhão. Sim, era muito frequente eu bater a cabeça na borda da concha feita de fibra de vibro. Ela tem o formato ideal para atingir quem caminha muito e caminha de cabeça baixa.

Depois do choque, a gente fica surpreso e envergonhado, quer sumir, checa se muita gente presenciou a cena. Sempre fica alguém a rir na janela de um carro parado no engarrafamento. E o orelhão segue balançando, como se também estivesse rindo do nosso infortúnio.

Um orelhão é um berimbau gigante. Engana-se quem acha que sua concha foi desenhada para proporcionar silêncio e proteção a quem faz uma ligação: foi feita pra ficar balançando e avisar o mundo inteiro que um otário desatento bateu a cabeça nela. Da mesma forma que, no berimbau, o coco funciona como caixa de ressonância para a corda.

Todos os orelhões que cabeceei na minha vida, se fossem cobras, teriam me picado.

(*) A cada dia encontro mais gente que sabe, com certeza absoluta, o que é melhor pra mim. Apontam, decepcionados, o caminho que eu deveria ter seguido. Apontam, como última chance, o caminho que devo seguir. Nos seus conselhos, elas só se esquecem de uma coisa: de mim. Se eu fosse uma cobra...

SENHOR NINGUÉM TOMOU CONTA

POR QUE VOCÊ NÃO SOA (SUA) QUANDO TOCA?
POR QUE VOCÊ NÃO SUA (SOA) QUANDO AMA?
NINGUÉM DERRAMA SANGUE QUANDO PERDE
BATALHAS DE FLIPERAMA

(*) Muita gente chiou quando um grande jornal brasileiro passou a colocar, ao lado dos nomes, a idade das pessoas citadas nas matérias. Diziam que o número entre vírgulas era pouco literário, que era imitação dos jornais gringos. De fato, era imitação. Talvez, para a época, a forma fosse mesmo muito seca. E sabe como é, pra chiar ninguém paga imposto nem pensa duas vezes. É o esporte favorito de muita gente.

Eu gostei da iniciativa. Nenhuma informação que possa ser expressa num par de algarismos é tão rica quanto a idade de uma pessoa. Saber o sexo ou a localização geográfica também revela bastante, é claro, mas esses dados ocupam mais espaço num texto.

E o signo? São necessárias 11 letras pra revelar o meu. 11 páginas para falar dos outros itens do mapa astral. 11 capítulos para interpretar. 11 livros para discutir se há alguma base para todo esse raciocínio alegórico.

Time de futebol, filiação partidária, marca da roupa íntima, cor dos olhos, tamanho do membro... A relação custo/benefício (espaço/informação) desaconselha a colocação desses itens em textos sobre outros assuntos.

Quem sabe que sou "Humberto Gessinger, 48", sabe que nasci em 1963. Que fui adolescente nos anos 70. Que, se não me embotoquei ou plastifiquei, tenho rugas. Que, se não estou careca nem pinto os cabelos, tenho muitos deles grisalhos. Que, quando surgiram os primeiros computadores pessoais, eu já tinha folheado muitos livros.

Há muita informação neste "48". Dá pra saber a que correntes musicais eu fui exposto (e em que fases da vida). Dá pra saber que times vi dominar campeonatos ou sucumbir. Se o assunto for tênis, dá pra saber que vi Borg com olhos de menino. E que chamei Nadal de menino.

Eu sei que várias idades convivem no presente de cada pessoa. Nascemos velhos e somos eternas crianças. Nem todo adolescente é igual. O mesmo vale para bebês e anciões. Mesmo assim, para algo que pode ser dito com apenas dois toques no teclado, a idade revela muito.

(*) Talvez minha idade explique a dificuldade que tenho de entender o fascínio exercido pelo anonimato no mundo virtual. É provável que esse fetiche estivesse aí, latente, desde sempre. Em trotes para o Corpo de Bombeiros, na coragem dos covardes quando estão em bando nos estádios de futebol, nos aviões de papel que só voam quando o professor vira as costas.

Com a chegada da www, Sr. Ninguém encontrou seu paraíso. Entendo quem acha que é só brincadeira, que não é covardia. Pode ser. Há casos e casos, como sempre. Mas, em geral, acho pseudônimos, *fakes*, imagens recicladas e opinião-sobre-opinião-sobre-opinião-sem-base-real tão sem graça quanto bonecas infláveis em vitrines de *sex shop*.

É tão bom saber com quem estamos falando! É cada vez mais difícil saber com quem estamos falando! Talvez estejamos, todos, falando muito e ouvindo pouco. Hey, quem são estes caras? Em blogs, bandas, citando-citações-de-citações-de-citações, links-para-outros-links-para-outros-links, sempre de bom humor, sempre de mau humor... quem são? *Is there anybody in there*? Há sangue de verdade nas veias ou é só Ki-Suco?

Ops, falei Ki-Suco! Se vocês ainda não soubessem, o termo teria revelado minha idade.

(*) Frequentemente me perguntam se pretendo lançar alguma obra de ficção. Tenho muito cuidado. A boa ficção está no topo da minha lista. A má ficção, lá embaixo. Pra quem não é do ramo, parece fácil inventar uma história, um grupo de personagens. Pra quem já tem algum tempo como leitor, é doloroso demais acompanhar histórias mal estruturadas, personagens com jeito de... personagens.

E há tantos desses personagens (com jeito de... personagens) em livros, blogs e bandas! O que falta é vida. Palavras vivas. Canções e fotos vivas. Desenhos, pensamentos, gritos, sussurros e silêncios com vida própria. Qual o sentido de toda esta movimentação, se não for injetar vida nas rachaduras do concreto e do asfalto?

NEM A FAVOR NEM CONTRA
MUITO ANTES PELO CONTRÁRIO
DOUTOR NENHUM, SENHOR NINGUÉM
NÃO FAZ MAL NEM BEM
SÓ FAZ DE CONTA
TROCARÁ A MULHER POR UMA BONECA INFLÁVEL
QUE MANTERÁ NA CAIXA, DESINFLADA
PRA CHEGAR AO QUE INTERESSA: NADA

(*) Há uma historinha que ouço há tanto tempo que já começo a duvidar que tenha acontecido. Talvez seja uma lenda urbana, revivida, de quando em quando, por diferentes personagens. É assim: um jovem artista pede conselhos ao mestre, pergunta o que deve fazer para chegar lá. O mestre responde: "*Desistir*".

Geralmente esse diálogo é considerado amargo: um iniciante inseguro pedindo tapinha nas costas e um veterano rançoso virando a cara. Acho que é possível e justa uma interpretação mais generosa.

A tradução do "desista" pode ser: "*Prove-me que você não deve desistir. Existe talento verdadeiro aí? Existe força para abrir espaço? Existe delicadeza para dar tempo ao tempo? Prove que eu estou errado, por favor, adoraria que isso acontecesse! Nada é melhor do que a companhia da pessoa certa. Venha! Se há vida aí, viva!*"

Forcei demais a barra? Dei a entender que as palavras não valem nada, que "desista" pode significar "não desista"? Não foi a minha intenção. Só quis dizer que, além da palavra, há quem disse a palavra e a circunstância em que foi dita. Tudo fala.

(*) Tenho visto tanta coisa ruim e sem substância que, em vez de me abater, fico esperançoso: deve haver muita coisa boa, escondida, que brotará a qualquer momento. (*The darkest hour is just before dawn*... a mola encolhida... o minuto de silêncio antes da explosão.)

LOOP

(*) Encontrei Demi Moore na capa do site onde posto minhas fotos. Ela estava de costas, seminua, refletida num espelho de banheiro. Autorretrato feito com um *smartphone*. A imagem parecia tosca demais pra ser alguma propaganda, mas como os publicitários estão cada vez mais malandrinhos, querendo que tudo pareça casual, fiquei na dúvida. Fui conferir outras fotos do perfil dela para entender.

É um perfil bem normalzinho: cenas pessoais, autoelogios visuais, aquele clima pseudoespontâneo tão comum nas redes sociais, uma ou outra reflexão a cada dúzia de fotos. Foi o suficiente para me fazer tirar do coldre um arsenal de frases neo-hippies, feministas e antissexistas e sair disparando: "*Vaidade, tudo é vaidade! Paparazza de si mesma! Mulher objeto!*"

No dia seguinte, vi o que muitos consideram a prova definitiva da existência de Deus: a foto da Scarlett Johansson que havia vazado na www já fazia algum tempo. Ela estava de costas, seminua, refletida num espelho de banheiro. Autorretrato feito com um *smartphone*. Ops: já li estas frases antes! Oooooops: já vi esta imagem antes!

Caiu a ficha! A foto da Demi Moore era uma brincadeira em cima do rumoroso caso Johansson. Como eu não havia visto a imagem original, achei que a paródia ERA o original. Ainda bem que meus disparos verbais foram silenciosos, restritos apenas a pensamentos.

Algo semelhante aconteceu quando mataram Osama Bin Laden: antes de ler a notícia, li várias piadas a respeito. A carroça veio antes dos bois.

(*) A www é mesmo uma rede. Do ponto de vista espacial, não tem centro nem periferia. Do ponto de vista temporal, não há antes nem depois. Tudo pode ser agora. Não há motivo para espanto caso sirvam a sobremesa antes do almoço.

Era uma vez um tempo em que se sabia onde as histórias começavam (Era uma vez...) e onde elas acabavam (... e viveram felizes para sempre. *The End*). A linearidade já não é regra. Vivemos em meio a vários *loops*. Realidades paralelas. Festas ou guerras infinitas. Não é preciso acompanhar desde o início nem ficar até o fim.

A música eletrônica, na virada do século, já prenunciava essa característica dos nossos tempos. Até então, as canções nasciam, amadureciam e morriam na nossa frente, em três minutos. Introdução, verso, refrão, solo, fim. Mudou o paradigma no reino pop. Baseada em *loops* (ciclos repetidos, sem início nem fim), a música *techno* é feita para se pegar o bonde andando. Afinal, são tempos onde o bonde não para, está sempre andando.

(*) Se quisermos ver a metade vazia do copo, digamos que não há mais tempo (generosidade) para nada. Se quisermos ver a outra metade, lembremos William Blake: "*Veja o mundo num grão de areia / veja o céu em um campo florido / guarde o infinito na palma da mão / e a eternidade em uma hora de vida*".

Mas, pô, eu tô aqui para dar minha opinião e não pra empurrar dúvidas pra vocês, né? E qual é minha opinião? Acho que o copo está meio cheio e meio vazio.

(*) Vivemos o enigma dos biscoitos Tostines. Afinal, vende mais porque tá sempre fresquinho ou tá sempre fresquinho porque vende mais? *Loop*

Não se muda se conseguir responder. O trabalho recomeça: quem nasceu antes, o ovo ou a galinha? *Loop*.

Por que escrevo isso nesta noite igual a tantas noites que passei escrevendo? Ecos de coisas que li em noites adolescentes? Lembro de Nietzsche falando do "eterno retorno". *Loop*. Lembro de Camus comparando o absurdo da vida ao mito de Sísifo, condenado a passar a vida inteira empurrando uma pedra montanha acima só para deixá-la rolar para baixo e repetir tudo de novo. *Loop*.

Acho que escrevo para agradecer à Scarlett Johansson por ser o ícone perfeito para tempos em loop. Um avatar para nossa civilização: alguém fotografando as próprias costas. Ao menos é uma bela imagem. Mesmo que não seja a prova definitiva da existência de Deus. É humano demais.

E segue o baile. 24 horas por dia. 7 dias por semana. A cobra engolindo a própria cauda, no seu infinito recomeçar. O cão perseguindo o próprio rabo (sem o auxílio de *smartphone* ou espelho de banheiro). Girando, girando, girando, sem par e sem parar.

QUE INTIMIDADE É ESSA?

O MUNDO FICA PRA OUTRO DIA
ANDAR POR AÍ ERA SÓ O QUE EU QUERIA

(*) Acordei com o firme propósito de escrever sobre a onda de protestos que varre o mundo. Há indignados com a economia na Grécia e com a corrupção em Brasília. Há indignados ocupando *Wall Street* e florescendo na primavera árabe. Parecem-me conectados por um elo mais profundo do que a www.

Abri o *laptop* e fui bombardeado por fotos de um cadáver. Antes que o café esfriasse, eu já havia visto mais fotos do Kadafi morto do que já vi minhas vivo. Deve ter acontecido o mesmo com todos que passaram por sites de notícia, canais de TV ou bancas de revistas nas horas seguintes à morte do ditador.

(*) Será que sou o único a não gostar de sangue? Os vampiros saíram dos livros adolescentes e estão editando jornais e sites? Que intimidade é essa? Por que jogam na minha cara rostos ensanguentados, porno-propaganda, piadas sobre sexo com gestantes, música absurdamente ruim absurdamente alta vinda de carros absurdamente bêbados? Acham que isso é a realidade? Ok. Acham que SÓ isso é a realidade? Ah, me dá um tempo!

Meu olhar fugiu da tela do computador e se perdeu na fumaça que subia do incenso de canela. As ideias foram se desmanchando como a linha de fumaça se desmancha depois de subir ordenadamente alguns palmos.

Assim como o aroma de canela fica no ar depois de apagar-se a brasa do incenso, o lixo que a gente vê fica à espreita, na mente, muito depois de fecharmos os olhos.

(*) Desisti de escrever sobre o mundo lá fora. Quero falar sobre rituais. É provável que "ritual" não seja a palavra certa, mas não me ocorre uma melhor. Refiro-me a pequenos gestos que nos acompanham, com constância, vida afora e se transformam no mais límpido espelho.

Pode ser um texto postado à meia-noite, uma laranja bem descascada, uma prece antes de dormir, um chimarrão ao acordar, a cerimônia do chá, a arte cavalheiresca do arqueiro zen, a arte da manutenção de motocicletas, o jogo interior de tênis... Quanto mais lúdicos, quanto menos funcionais e objetivos esses gestos, melhor. Coisas que fazemos com uma finalidade lógica e fixa sempre serão limitadas pela razão.

TODO DIA A GENTE INVENTA E FANTASIA
A GENTE ESQUENTA A ÁGUA FRIA
E IGNORA A BOLA FORA

(*) Jogo tênis há mais de 30 anos. Não aprendi a jogar bem, mas aprendi a me conhecer melhor. Talvez nem a música tenha me ensinado tanto. Minha arte/ofício de músico é muito enganadora num sentido: ignora a passagem do tempo (se Arte é um diálogo entre o mundo real e um mundo idealizado, não há limite de tempo para ela. Sempre haverá assunto para este bate-papo. Falo de Arte, claro. Não tem nada a ver com tocar mais rápido, cantar mais alto, vender mais cliques de mouse, etc... isso, sim, o tempo derruba).

(*) Numa *timeline* da minha vida nas quadras, vejo as transformações culturais (na moda dos uniformes), tecnológicas (nas raquetes) e econômicas (na especulação imobiliária que define a localização das quadras). Vejo o vazio dos anos sem jogar, no início da faculdade, quando estudo e trabalho tomavam todo meu tempo. Sobretudo, vejo mudanças no meu corpo e na minha mente.

Já achei enfadonho picar a bolinha antes do saque. Agora, sinto que este momento tem sua própria mística. Hora de tomar ar, esquecer o ponto que passou, planejar o próximo lance ao som do mantra ritmado da bolinha tocando o chão. Um ritual dentro do ritual. Como afinar um instrumento: música dentro da música.

Ih, tocou o telefone. A vida real me quer de volta.

AGORA SOMOS SÓ NÓS DOIS
EU E MINHA CIRCUNSTÂNCIA
CLÁSSICO JURÁSSICO
FLAFLU
GRENAL
CORPO E ALMA
NUM RITUAL

Bah 1: A Cerimônia do Chá, A Arte Cavalheiresca do Arqueiro Zen, Zen e a Arte da Manutenção de Motocicletas e O Jogo Interior de Tênis são livros que, de alguma forma, me falaram de rituais. Tudo começou com Sidarta e passou por um filme do Bergman do qual já não lembro o nome.

Bah 2: Apesar de saber que, na www, cada um faz seu horário (a informação fica à disposição), mantenho o ritual de postar meus textos no BloGessinger no exato instante em que a segunda vira terça. Quando não se sabe se é meia-noite ou zero hora. Com pontualidade neurótica.

Com o tempo, foi se criando o hábito do encontro. O hábito é uma casa para o espírito. É sempre bom deitar a cabeça num travesseiro que tenha nosso cheiro.

Nossos corpos estão se lixando para o que é virtual. Sentimos na pele a frieza do histérico ponteiro dos segundos e o calor tranquilo de algum corpo pulsando próximo.

Saber que há olhos abertos na outra ponta do cabo de fibra ótica é um alento. Imaginar corações batendo em tempo real do outro lado do cordão umbilical wi-fi é um acalanto. Alento e acalanto são palavras que soam bem. E são bem mais do que palavras.

Bah 3: Pra fechar, William Blake numa frase que, para mim, define ritual: “Se o doido persistisse na sua loucura, tornar-se-ia sensato”.

FOMO,
A FOME
E O MEDO
DO MOFO

AH, ESTE MEDO DE FICAR PRA TRÁS
DE NÃO SER SEMPRE MAIS
DE NUNCA MAIS PODER

(*) Há uma nova angústia na praça. Chama-se FOMO, iniciais de *Fear Of Missing Out*. É a versão digital de algo antigo: a sensação de que o melhor está acontecendo em outro lugar.

Em resumo, é o seguinte: o cara tá em casa, numa boa, e resolve dar uma olhadinha nas redes sociais. Ali, descobre que fulano está numa balada I-R-A-D-A, beltrano tá num restaurante D-E-L-Í-C-I-A, cicrano tá num jogo F-O-D-A, num show M-A-S-S-A, vendo um filme I-N-C-R-Í-V-E-L, com um M-U-L-H-E-R-A-Ç-O, numa praia M-A-N-E-I-R-Í-S-S-I-M-A. De repente, o cara, que estava em casa, numa boa, se sente o último dos mortais. Morre de medo de estar perdendo o melhor da(s) festa(s). *Fear of Missing Out*, FOMO.

(*) Dia desses, me perguntaram, via *twitter*, qual a marca dos meus óculos. Tirei os óculos para conferir o nome gravado na armação. Mas, sem óculos, eu não conseguia ler! Putz, que aflição! Lembrei do ditado: *You can't have your cake and eat it too*. Ou você TEM o bolo ou você COME o bolo. A ilusão de que se pode ter tudo é um passaporte para a angústia. (Resolvi o dilema do nome dos óculos fotografando a armação e lendo na foto.)

(*) *Cowboys & Aliens* é um filme que mistura ficção científica com faroeste. Deve ser divertido, como todos os pastiches que Steven Spielberg e sua turma têm criado. Ele conhece como ninguém o coração e a mente do americano médio. Vai direto ao alvo, sem firulas (só com firulas, segundo as más línguas). Se alguém quiser saber quais eram os medos e desejos do cidadão comum estadunidense no fim do século passado, basta ver os filmes do Spielberg.

O cinemão comercial sempre conta a mesma história: o herói passa por provações e, um pouco antes do final, atinge a redenção nos braços da amada. O que varia é a ambientação. Às vezes, o herói vem montado em um cavalo de séculos passados; às vezes, vem a bordo de uma nave do futuro.

Em *Cowboys & Aliens*, os dois mundos se encontram! A angústia FOMO deve ter atacado os produtores do filme: medo de perder o público de ficção científica se o filme fosse só um faroeste. Medo de perder o público de *bang-bang* se a história fosse só ficção científica. Eles não querem abrir mão de nada. Querem o melhor dos dois mundos. Sentar em duas cadeiras.

(*) É raro que, na vida real, possamos ter o melhor de dois mundos, ficar com a lenha e se aquecer com o fogo. Quase sempre é preciso escolher. Com o tempo, a gente se acostuma a abrir mão de algumas coisas em favor de outras. Até aprende a conviver com a possibilidade de ter feito a escolha errada. Afinal, a dúvida é o preço da pureza. No fim das contas, é isso que nós somos: as escolhas que fazemos.

O destino, este brincalhão, às vezes nos leva a escolher as coisas mais distantes. Depois, nos mostra que o tesouro estava o tempo inteiro ao nosso lado. A gente vive cruzando o rio atrás de água, né? Dobramos a bainha das calças e caminhamos milhas e milhas atrás da água que já estava ali, desde o início, molhando nossos pés.

(*) É mais fácil conhecer os limites do universo do que nosso próprio limite. Um telescópio ou um microscópio é mais inofensivo do que um espelho. Plagiando a máxima que diz que "só no dicionário Sucesso vem antes de Trabalho", eu diria que "só no disco GLM a Conquista do Espelho vem antes da Conquista do Espaço". Infelizmente.

FOI O FIM DE UMA VIAGEM
E O GUIA ESTAVA ERRADO
MAS HÁ ESTRELAS ATRÁS DAS NUVENS
NO CÉU DA PÁTRIA NESTE INSTANTE
HÁ UM PORTO ESCONDIDO
NO CORAÇÃO DO VIAJANTE

LONGE DEMAIS DO CAPITAL

QUANTO VALE A VIDA DEPOIS DA ÚLTIMA CENA
QUANDO TODO MUNDO PODE SER HERÓI
QUANTO VALE A VIDA QUANDO VALE A PENA
E QUANTO VALE QUANDO DÓI
HÁ COISAS QUE O DINHEIRO NÃO COMPRA
CONTAS QUE A GENTE NÃO FAZ

(*) Dinheiro. Astral estranho cerca esta palavra. Seja na especulação *on-line,* global e sem cheiro, seja nas imundas notas amassadas do mundo físico; é um astral estranho.

Tranquilizo quem resistiu a esse par de frases *hippongas* e continua lendo: eu sei que pode-se comprar coisas bacanas. Não só objetos: dá pra comprar tempo, informação e saúde. Mas também dá pra fazer um monte de merda com tempo, informação e um cirurgião plástico.

Não conheço ninguém que goste de dinheiro. Quase todo mundo que eu conheço gosta (adora, venera, necessita) do poder e do prazer que o dinheiro pode trazer.

(*) Tudo na vida tem um lado bom e um lado ruim (com exceção dos LPs do Pink Floyd, que tinham dois lados bons). O dinheiro tem um lado interessante: ele é sincero, fala alto e deixa tudo explícito. É uma ferramenta útil para explicar como e por que andam as coisas. *Money talks, bullshit walks* (dinheiro fala, o resto se cala).

Nas ruas da cidade, é fácil seguir as pegadas da grana. Ela deixa um rastro de construções e demolições. Passo frequentemente por uma esquina nobre de Porto Alegre; um dos quatro prédios que a configuram, com colunas pretensiosamente niemeyerescas, deixou de ser banco para vender telefones celulares. Na diagonal oposta, uma loja de esportes virou farmácia. Telefonia e remédios, pelo menos aqui, parecem ser a bola da vez. Rádios, cinemas e teatros da minha cidade se transformaram em franquias de videoevangelistas. Será uma vitória do espírito ou da matéria?

(*) Para facilitar a convivência, nossa tragicômica raça criou relógios, sinais de trânsito, apertos de mão, gramática e moeda. São algodões entre cristais. Mal usados, relógios, sinais de trânsito, apertos de mão, gramática e moeda se transformam em elefantes numa loja de cristais. Ah, nossa cristalina raça...

O que acontece com a boa ou má utilização do dinheiro, todos sabemos. O que frequentemente esquecemos é de reconhecer sua importância como mediador de trocas. Imagine se não existisse: eu teria que pagar meu dentista com uma canção! E se nenhum dentista gostasse do meu som? Eu ficaria sem meu dente de ouro! Por outro lado, nenhum ginecologista jamais poderia ouvir minhas músicas, pois eu não teria uso para seus serviços.

Claro, poderíamos fazer tudo por amor. Mas... ah, o amor! Melhor não sobrecarregá-lo, né? Melhor deixá-lo florescer ao seu modo. Onde e quando menos se espera. Frágil e imortal.

(*) O dinheiro e o amor (ou a falta deles) nos ajudam a entender por que as coisas são como são. Alguns artistas (e todas as religiões) também oferecem sistemas para explicar o mundo. E há os pensadores, é claro.

Marx e Adam Smith. Freud e Jung. Einstein, Newton, Kant, Copérnico, Galileu... O grande Darwin! Todos com sacadas geniais. Cada um na sua.

Tudo na vida tem dois lados: um bom e outro ruim (com exceção dos discos do *****, que só têm lado ruim). Quando um sistema é muito bem concebido, é difícil escapar da tentação de usá-lo fora de contexto. É conhecido o caso do cientista soviético que tentava aplicar as ideias de Marx na (pasmem!) genética das plantas. Também é muito comum usarem, erroneamente, o darwinismo para explicar movimentos sociais. O dinheiro, nem se fala, está sempre entrando onde não foi convidado: nas relações familiares, nas amizades... no amor? Nah, deixemos o amor em paz. Falar de amor não é amar.

Com exceção das religiões (que são indiscutíveis por se basearem na fé e em dogmas), todos os sistemas para explicar o mundo, por melhor que sejam, são parciais. Eles têm limites. A realidade nunca se deixa capturar completamente. Algumas vezes até parece que ela não existe, né?

> **Bah**: Espero que meu papo não tenha deixado o astral estranho. Sei que muita gente lê à noite. Não gostaria de tirar-lhes o sono. Nem de fazê-los dormir. Se alguém lê antes do almoço, não gostaria de tirar-lhe o apetite. Nem de fazê-lo comer mais do que precisa. Só queria bater um papo, sem euforia nem depressão. Um cafezinho. De corpo e alma, até os ossos. Ainda assim, um cafezinho.
>
> Enveredei por esta trilha porque começou a tocar nos meus fones a canção que diz: *it all makes perfect sense expressed in dollars and cents, pounds chillings and pence* (tudo fica claro

expresso em dólares e centavos, libras, xelins e pence). E, por um momento, tudo fez sentido. Só por um momento. A realidade, bichinho assustado, escapou de novo.

EM PERMANENTE CONSTRUÇÃO

SERIA RUÍDO
SE NÃO FOSSE UM SINAL
SÓ PARA INICIADOS
TRANSE TRIBAL

SERIAM RUÍNAS
MAS A GENTE NÃO ESQUECE
O AVIÃO REABASTECE
EM PLENO AR

A SERPENTE TROCA DE PELE
A GENTE NÃO ESQUECE
O AVIÃO REABASTECE
SEM PARAR DE VOAR

As casas do meu bairro estão, uma a uma, dando lugar a edifícios. Efeito colateral do fortalecimento da economia do país. Obras por toda parte. A cada caminhada, algo está diferente. Sons de concreto e tijolo me alcançam no intervalo entre as canções que ouço nos fones.

Numa esquina, há uma estrutura de seis andares abandonada há muito tempo por problemas legais. Lembra a canção do Caetano: "*Ainda em construção e já ruína*". Recentemente, o terreno foi comprado. A prefeitura não autorizou que implodissem o esqueleto de concreto. Três operários penam para derrubar o monstro com britadeiras. Parecem cupins fazendo cócegas em um enorme baú.

Uma demolição em meio a tantas construções é a nota dissonante na sinfonia de ferro e caminhões. Trabalho árduo, interrompido em dias de chuva. Choveu muito neste inverno. Notei que demoraram mais para demolir um andar da estrutura abandonada do que para erguer um na obra que sobe no terreno ao lado.

Lembrei dos comentaristas esportivos (desarmar é mais fácil do que criar). Lembrei do dito popular (pra baixo todo santo ajuda). Lembrei das aulas de física (a entropia é o nível de desordem de determinado sistema e tende sempre a aumentar). Lembrei da força devastadora da água morro abaixo e do fogo morro acima. E me lembrei de perguntar: será? Mesmo?

Há, sim, coisas difíceis pra caralho de desfazer. Quando a praga das opiniões levianas abandonar o campo, só terá destruído o que nunca existiu. Quem pode mais, a borracha ou o poema escrito a lápis? O poema sobrevive às traças que devoram o papel.

Castelos medievais, castelos de areia e castelos de cartas, talvez, a longo prazo, tenham o mesmo destino. Mas, certamente não são a mesma coisa. Ok, do pó viemos e ao pó voltaremos. Mas não somos só poeira, né? Ok, ok, talvez a poeira de que são feitas as estrelas.

Há uma linha tênue entre o saber científico de que tudo se desintegra e o sentir místico de que tudo conspira a favor. Ruína e construção andam de mãos dadas nesta corda bamba. O que já foi e o que ainda será brigam pela nossa atenção. Às vezes, nos fazem esquecer o que, desde sempre e para sempre, é.

Há, sim, coisas que não mudam, para as quais sempre podemos retornar. Um minúsculo porta-aviões num oceano sem fim. Uma chance em mil. Improvável janela de oportunidade.

Adoraria fechar este texto com algum exemplo grandiloquente de coisas que não mudam e para as quais sempre podemos retornar (até escreveria em letras maiúsculas: AMOR, VERDADE, BELEZA...). Mas só me vêm à cabeça sons, cheiros, sabores, um par de olhos, um pôr do sol, um abraço... insignificantes no esquema geral das coisas, mas suficientes.

POR ATALHOS INVISÍVEIS

EU SOU VELHO, MEU VELHO
TÃO VELHO QUANTO O MUNDO
EU SOU MOÇO, SEU MOÇO
E O POÇO NÃO É TÃO FUNDO

Desnecessário fazer uma lista das indústrias que lucram com a gerascofobia, o medo de envelhecer. É possível que este texto esteja dividindo a página de uma revista ou a tela do teu computador com uma propaganda de uma dessas indústrias. (Não? Estás lendo num livro? Ok, legal! Então, dá uma olhada pela janela, no outdoor do outro lado da rua, não enxergas algo dizendo que envelhecer é pecado? Se ligares a televisão, nem precisarás esperar os comerciais.)

Com um pouco de esforço, até consigo entender a gerontofobia, o medo de pessoas velhas. Mas o medo de envelhecer (não em casos isolados, mas como o padrão de uma cultura inteira) me foge à compreensão. É como ser alérgico a oxigênio. É negar nossa própria existência e humanidade.

Não te desesperes, meu jovem. Há aspectos legais na passagem do tempo. Um deles: a cada dia ficamos mais longe da adolescência. Ufa, que alívio! Também ficamos mais perto da infância. Eba! Como super-heróis, adquirimos superpoderes: visão de raios-X, por exemplo (ela começa aos poucos, geralmente na mesma época em que olhos cansados começam a borrar as letras dos livros e qualquer objeto que esteja muito próximo). Alguns flashes de raios-X vão se repetindo com cada vez mais frequência. Até que, um dia, acordamos achando que as coisas são bem mais simples do que pareciam na noite anterior.

A gente bate o olho no cantor que parece estar morrendo a cada nota da melodia e vê que ele está pensando mesmo é nas notas que vai colocar na carteira. A gente olha para o centroavante ajeitando as meias e vê que dali não vai sair gol. A gente vê a cara do candidato e... ooops, os políticos estão tão desavergonhadamente à vontade que até Mr. Magoo vê qualé a deles. Desperdício usar raios-X.

Ok, admito, posso estar exagerando. Talvez a tal visão de raios-X só funcione na primeira pessoa. Tudo bem, não é pouca coisa olhar para o espelho e enxergar o próprio coração.

> **Bah**: Não confundas a visão de raios-X com os preconceitos de quem acha que já viu tudo. Este superpoder é mais facilmente desenvolvido por quem sabe que não sabe, da missa, a metade. Mas funciona.
>
> Se a violência travestida lança suas iscas, a gente consegue ver além da maquiagem. Dá pra sacar, de cara, todo placebo travestido de cura, todo baba-ovismo travestido de humildade, toda falta de convicção travestida de versatilidade, o ressentimento travestido de indiferença.
>
> Aquele cara orgulhoso de seu trabalho autoral se revela um copiador que chega sempre cinco anos atrasado. Por outro lado, aquela banda que não toca material próprio começa a soar completamente original. Tava tudo ali, desde sempre, esperando que o tempo resolvesse o X dessa questão: visão de raios-X, ver além da máscara.

UMA
PONTE
PRO
HORIZONTE

ESTE OGRO QUE VOS FALA
ESTA VOZ DE TOM AGRESTE
ESTA SALA SEM PAREDES
É O ESPAÇO QUE ME VESTE

ESTE CÉU QUE ÀS VEZES FALTA
ESTE CHÃO QUE ÀS VEZES CEDE
ESTA FALTA DE ESPAÇO
ESTE PEDAÇO, QUANTO MEDE?

ESTE OGRO QUE SE CALA
NÃO RECONHECE O QUE VÊ
NÃO ESQUECE COMO ERA
ONDE ERA E POR QUE

ESTA BOCA TEM UM NOME
SILENCIADO EM LÁBIOS DUROS
ESTA BOCA COSPE FLORES
SE MASTIGA PEDREGULHO

ESTE OGRO SE DESCULPA
POR VIVER EM TERRA ESTRANHA
SEU TEMPO É MUITO CURTO
SUA PRESSA É TAMANHA

SEUS OLHOS SÃO OS OLHOS
DE UM BARCO EM TEMPESTADE
DE UM NÁUFRAGO AGARRADO
A UM AMOR PELA METADE

UM TRAVESSEIRO COM TEU CHEIRO
SERIA A PONTE PARA O DIA
SERIA NOITE A VIDA INTEIRA
SE NÃO HOUVESSE TRAVESSIA

...É NOITE A VIDA INTEIRA
...NÃO EXISTE TRAVESSIA
ESTE OGRO ACHA GRAÇA
PORQUE VAGA SEM DESTINO

PORQUE PAGA COM SILÊNCIO
O QUE LHE COBRAM AS PALAVRAS
ESTE OGRO ABRE OS OLHOS
ESTES OLHOS DE MENINO

O QUE É UM HORIZONTE?
ESTE OGRO SE PERGUNTA
SÃO COISAS LÁ DISTANTES
OU O SEU PONTO DE VISTA?

PERGUNTAS QUE SONHEI RESPONDER

POR QUE PESSOAS QUE ADOOOOORAM MINHAS LETRAS
VIVEM MANDANDO LETRAS PR'EU MUSICAR?

SERÁ VERDADE QUE ELA NÃO GOSTOU DO MEU DENTE DE OURO?

SE SÃO AS PESSOAS MAIS ESCROTAS
QUE ESTÃO ACERTANDO PROFECIAS
O MUNDO ESTÁ FICANDO MAIS ESCROTO?

POR QUE ELA NÃO GOSTOU DO MEU DENTE DE OURO?

QUAL É A DROGA QUE SALVA? QUAL É A DOSE FATAL?

ALGUÉM PODE MUDAR DE OPINIÃO SOBRE UM DENTE DE OURO?

ONDE ESTÃO OS CARAS
QUE DESMATERIALIZAVAM MOEDAS DE 10.000 REAIS?

SE AS MOEDAS ACIMA FOSSEM DE OURO, QUANTOS DENTES DARIAM?

A VIDA É MUITO CURTA PARA VIVERMOS SEMPRE
COM O MESMO CORTE DE CABELO
OU
CURTA DEMAIS
PARA EXPERIMENTARMOS OUTROS CORTES?

VALE A MESMA RESPOSTA PARA RELACIONAMENTOS AMOROSOS?

A VIDA É MUITO CURTA PARA TORCERMOS SÓ PARA UM TIME
OU
CURTA DEMAIS PARA TORCERMOS PARA VÁRIOS TIMES?

VALE A MESMA RESPOSTA PARA RELACIONAMENTOS AMOROSOS?

POR QUE MEUS CABELOS ESTÃO FICANDO BRANCOS
E MEUS DENTES SEGUEM AMARELOS?
NÃO DEVERIA SER O CONTRÁRIO?

— QUAL SEU PRATO PREFERIDO?
— O QUE ESTIVER MAIS PERTO.
(SONHEI COM ESTA RESPOSTA A VIDA INTEIRA
MAS QUEM A ENCONTROU FOI H. D. THOREAU)

RESPOSTAS QUE ESQUECI AO ACORDAR

O CORAÇÃO DIZ QUE A VIDA
É CURTA DEMAIS PARA SERMOS IMPARCIAIS
A RAZÃO DIZ QUE A VIDA
É CURTA DEMAIS PARA SERMOS PARCIAIS

CADA UM DEFENDE SUA TESE
SEM DEFESA
E A GENTE SEGUE SEGUINDO
CERTOS DA INCERTEZA

TODOS OS CÁLCULOS INDICAM
UMA VIDA CURTA DEMAIS
MAS SEGUIMOS SEGUINDO
COMO SE FÔSSEMOS IMORTAIS

VACILEI
NÃO FOTOGRAFEI
A FRASE DEFINITIVA
NO PARA-CHOQUE DO CAMINHÃO

"CURTA A VIDA POIS A VIDA É CURTA"

SE ARREPENDIMENTO MATASSE
SE O CAMINHÃO ME ATROPELASSE
A VIDA SERIA AINDA MAIS
(CURTA)

O FUTURO EM FLASHBACK

FAÇAMOS UM TRATO: VOCÊ DESLIGA O TELEFONE SE EU FICAR MUITO ABSTRATO

(*) Aí vai mais uma pergunta sem resposta: qual a experiência mais rica de significados, ver um jogo de futebol ao vivo ou o *videotape*, já sabendo o que aconteceu? Ler um livro pela primeira vez ou relê-lo?

Sabendo de antemão o resultado do jogo (o fim do livro), podemos analisar os detalhes de forma mais objetiva e racional, ligar causas e consequências de cada lance sem precisar vagar por tudo que poderia ter sido e não foi.

Sem saber o que aconteceu, compartilhamos com os jogadores a incerteza de cada jogada, os possíveis futuros que cada segundo traz. Ao ver o jogador correndo para bater o pênalti, não estaremos só esperando que a bola entre onde já sabemos que entrou. Estaremos especulando uma defesa do goleiro, uma bola fora ou na trave, um gol no outro canto. Talvez seja um daqueles casos em que sabendo menos sabemos mais.

Impor ao passado o ponto de vista do presente é uma armadilha, o tal determinismo retrospectivo. Deixamos de lado vários possíveis desfechos de um lance ao favorecer aquele que realmente aconteceu. Começamos pensando que ele era possível, passamos a achá-lo lógico e acabamos acreditando que ele era inevitável. E inevitável é uma palavra com raríssimas aplicações.

(*) A música é um caso à parte. Ela cria sua própria hora, silencia o *tic-tac* do relógio, destrói os diques do tempo, as represas do passado, o muro do futuro. Quanto mais ouço uma boa canção, mais nova ela me parece.

(*) Meus emails quase sempre têm *post-scriptum*. Eu me sinto um canalha cada vez que coloco *p.s.* em um texto digital. Eles só fazem sentido no mundo físico, quando o cara esquece algo, não quer borrar a folha e, lá embaixo, faz o reparo. No mundo digital (*cut, paste, undo*) tudo está a um clique de ser refeito. A edição não deixa rastro.

Dura pouco a sensação de que sou um canalha: há espaço, sim, para o *p.s.* em um texto digital! Ele cria uma nova camada de leitura, enriquece o texto. Deixa claro que aquela informação pintou depois. Mais que isso: deixa claro que a gente não quis esconder que aquela informação pintou depois.

Honestidade. Fidelidade. Espero que nossa urgência de viver não apague as palavras com muitas sílabas. Espero que nossa pressa de chegar não nos deixe cegos para a paisagem, surdos para o silêncio, cansados para abstrações.

(*) Parece óbvio que passado e futuro são duas coisas completamente diferentes. Mas nós os tratamos como se fossem a mesma coisa: uma quantidade de tempo. Há uma assimetria intransponível entre passado e futuro. São alhos e bugalhos. Incomparáveis. O passado não é o futuro que já aconteceu. O passado É. O futuro SÃO.

Putz, acho que um monte de gente desligou o telefone...

Bah 1: não se usam mais fitas, mas a palavra ainda é videotape, né? *Replay* acho que não se usa mais... "*Olho no lancêêê! Peeeeelas barbas do profeta!*", "*Feitooo!*", "*Aaaaaaaconteceu, torcida potiguar!*", "*Aaaaadivinhem!*", "*A batiiiiiiiida! Que beleeeeza!*", "*Tá lá o corpo estendido no chão!*", "*Gol-gol-gol!*"...

Bah 2: Talvez o tempo não corra linear como água saindo de uma torneira. Talvez se pareça mais com catchup saindo aos trancos das antigas embalagens de vidro. Talvez o tempo esteja se lixando pro que eu penso dele. Talvez? Certamente.

Bah 3: Dia desses, visitei um blog que usava palavras riscadas com um traço, como se o cara tivesse se arrependido do que disse. Ainda legíveis, essas palavras eram usadas de forma irônica. Uma ferramenta interessante, ainda que de leitura cansativa.

Bah 4: Sobre assimetrias e coisas que viram outra: me lembrei da frase do Mario Quintana, "a mentira é uma verdade que se esqueceu de acontecer".

O
FIM DO
MUNDO
TODO DIA
DA SEMANA

EU TIVE UM SONHO
HÁ MUITO NÃO SONHAVA
LEMBRANÇAS DO FUTURO
QUE A GENTE IMAGINAVA

(*) Eu não apostaria uma moeda de 11 centavos no meu futuro, quando era adolescente. Sei lá de onde veio este futuro para o qual já olho, em parte, pelo espelho retrovisor. Certo é que um futuro pintou. Brotou do chão (semente bem plantada) ou caiu do céu (dádiva divina)? Não sei. Só sei que, seja de onde for, ele continua chegando. Um futuro para o qual olho de binóculos, lá na frente, ainda sem descobrir quais são seus planos para depois da curva.

Minha arte/ofício me levou a lugares que, tenho certeza, não foram feitos para mim: hotéis luxuosos, salas VIP, poltronas de primeira classe em voos para o outro lado do planeta, com direito a aeromoças vestidas de gueixa oferecendo vinhos finos e toalhas aquecidas.

Mais importante: minha arte/ofício me conectou com um monte de gente bacana que me trata melhor do que mereço. O que posso fazer? Agradecer de coração e, no limite das minhas possibilidades, voltar ao refrão: *faz de conta que fui mais legal.*

(*) Outra experiência que certamente eu não viveria, não fosse minha arte/ofício, são as missas do Padre Marcelo Rossi. Explico: depois dos shows de sábado é impossível dormir, fico acordado até abrir o café da manhã do hotel. Geralmente, começa às 6 da manhã. E sempre há, no restaurante, uma TV ligada na missa do Padre Marcelo. Não fosse a rotina maluca da estrada, certamente essa hora do domingo não me encontraria em frente a uma TV.

Não que eu tenha algo contra a igreja católica. Pelo contrário: meu HD foi formatado por ela. Na minha família havia tios padres e tias freiras. Meu pai estudou em um seminário (um pouco por convicção religiosa da família, um pouco para ter ensino de qualidade, o que não era fácil numa colônia alemã no interior do RS). Imagino o dilema em sua cabeça quando, ainda jovenzinho, resolveu largar. Para desgosto do meu avô.

Por toda vida, meu pai seguiu um católico convicto. Duvido que ele servisse mais ao Senhor se fosse um "profissional". Ele veio morar em Porto Alegre e encontrou minha mãe numa festa de São João. Alguns anos depois, eu nascia. Carregando, desconfiado, aquele futuro que já pensei não valer uma moeda de 11 centavos.

Minha mãe segue firme e forte, paparicando netos e neta. Meu pai segue firme e forte na minha lembrança. Gostaria de sonhar mais com ele. Raramente sonho. Sonho muito que estou nadando. É tão bom, no sonho, que preferi não aprender a nadar. Para evitar decepções. Duvido que seja tão bom na vida real. Basta-me o sonho.

(*) Respeito minha ignorância. Convivo bem com coisas que não entendo, cantos escuros e encontros silenciosos. Se a dúvida for o preço da pureza, algumas vezes vale pagar, tá barato (noutras, é melhor pagar pra ver... você decide, não olhe pra mim... eu sou só um tocador de contrabaixo, quase um baixista).

Picaço Velho é o nome de uma música que me fascinava, na infância. Conta a morte de um cavalo causada por um boi brasino. Não saber o que "brasino" significava deixava a música mais misteriosa. Evitei, a vida inteira, buscar essa palavra no dicionário. Preferi imaginar significados cada vez mais malucos. O mesmo acontecia quando eu ouvia músicas em inglês antes de conhecer o idioma: a cada audição, inventava uma letra. Afinal, além de ser o oceano favorito deste nadador, o sonho é um idioma que a gente desconhece.

> **Bah 1**: Ok, por vocês, fui ao Google: "brasino" aplica-se ao gado cujo pelo é vermelho (cor de brasa) listrado de preto. Mas, quer saber? Vou tratar de esquecer isso e voltar à minha ignorância!

> **Bah 2**: Meu amigo Zé perguntou se eu sabia o que era "picaço". Desconfiei que estivesse armando uma daquelas piadas com duplo sentido, pois a pergunta me parecia absurda. Eu tinha certeza de que "picaço" era qualquer cavalo. Estava enganado. Ele me explicou que "picaço" é o cavalo de cor escura com pés ou cabeça brancos.
>
> > **Bah do Bah**: Aí estão dois tipos de ignorância: (1) eu não sabia o que era "brasino", (2) eu não sabia que não sabia o que era "picaço". Isso me fez lembrar um discurso do ex-Secretário de Defesa dos EUA, Donald Rumsfeld. Em clima paranoico, ele dizia que a América tinha que se preparar para o desconhecido (o que não sabiam) e para o desconhecido desconhecido (o que não sabiam que não sabiam).

Se bem entendi o papo do velho Senhor da Guerra, ele queria que os EUA, além de se defenderem de todas as ameaças imagináveis, se defendessem, também, das ameaças inimagináveis! Isso é o que chamo de um campo vasto! Vasto campo de batalha...

Bah Final: Se tem alguém aí prisioneiro da melancolia-banzo-spleen-blues que costuma pintar no fim dos ciclos, sem saber o que fazer, achando que seu futuro não vale uma moeda de 11 centavos, deixo meu especial abraço. Enquanto abraço, sussurro: "Vale muito mais!"

AUTORRETRATO

(NAS ENTRELINHAS DO HORIZONTE)

QUE MOTIVOS TEMOS PARA ESTAR ATRÁS DE PALAVRAS ESCONDIDAS NAS ENTRELINHAS DO HORIZONTE DESTA HIGHWAY SILENCIOSA HIGHWAY

Li em algum lugar (*argh*, que maneira insossa de começar um texto) que a barra de metal que determina o tamanho exato do metro e é guardada a sete chaves em um instituto francês está diminuindo. Não, espera! Acho que é o cilindro de metal que define o quilo, que está perdendo peso. Não, não, nada disso... lembrei: foi minha mãe que ouviu na TV a tese científica de que o tempo está passando mais rápido! Que isso seja um sentimento, entendo, mas... tese científica? Será?

A prova irrefutável de que (o meu) tempo tem passado muito rápido é a quantidade de projetos em andamento que tenho, empilhados numa gaveta mental. Outra pilha, esta digital, é formada por pedidos que recebo por email. Entrevistas, depoimentos, participações musicais e literárias. Difícil confrontar com todas essas solicitações o sagrado tempo do ócio criativo. Ainda mais para um capricorniano-cristão-fazedor.

Recebi o formulário abaixo de um jornal, com a palavra URGENTE em maiúsculas no título do email. Parecem simples estes pingue-pongues: perguntas e respostas curtas. Está aí a armadilha das tentativas de resumir em uma palavra coisas como “qualidade” e “defeito”.

O fascínio dos autorretratos está na mistura do que somos e do que queremos ser. Sob a aparência simples e direta de um formulário, há um mapa do que escolhemos e do que não podemos evitar. As entrelinhas podem revelar mais do que as palavras.

Afinal, o que faz a beleza do horizonte? As coisas objetivas, que estão lá longe (prédios recortando o céu, montanhas, nuvens) ou nossa subjetiva capacidade de enxergá-las?

Nome:

Humberto Gessinger. É tudo. É só. Sem pseudônimo.

Local e data de nascimento:

Porto Alegre, 24 dezembro 1963, 18h30min.

Signo:

Capricórnio.

Maior qualidade:

Timidez.

Maior defeito:

Timidez.

O que toca no teu iPod:

Obscuras bandas de rock progressivo dos anos 70.

O que gosta de comer:

Chocolate.

Cor preferida:

Azul.

Perfume:

Não uso perfume. Adoro incenso de canela.

Mania:

Sou maníaco por algumas marcas,
mas não vou fazer propaganda delas aqui.

Nas horas de folga:

Jogo tênis.

Último filme que foi ver no cinema:

Nem lembro. Deve ter sido pra levar minha filha, quando era criança.

O que mais aprecia nos amigos:

Fidelidade.

O que te decepciona:

Lixo jogado no chão. Mentiras jogadas no ar.

Ideia de felicidade:

A mente quieta, a espinha ereta e o coração tranquilo.

Significado de família:

Um berço, um colo, carinho e proteção.

Se não fosse você, quem gostaria de ser:

Goleiro do Grêmio. Cabeludo, usando bandana,
fazendo milagres e tomando alguns frangos.

Qual a melhor maneira de defini-lo:

Aprendiz de música.

LEIA TAMBÉM

PRA SER SINCERO
123 Variações Sobre um Mesmo Tema

Em 11 de janeiro de 1985, mesmo dia da abertura da primeira edição do *Rock in Rio*, Humberto Gessinger subia ao palco do auditório da Faculdade de Arquitetura da UFRGS de cabelo *new wave* e bombacha, para o primeiro show de uma banda que tinha nascido para durar uma noite só. Era para ter se chamado *Frumelo & Os 7 Belos*, mas ninguém gostou, então resolveram fazer uma brincadeira com os estudantes de Engenharia e os surfistas que frequentavam o bar da universidade, que estava a pelo menos 100 quilômetros do mar. *Engenheiros do Hawaii.*

Vinte e cinco anos depois dessa estreia, Humberto Gessinger lança neste livro um olhar sobre sua trajetória e revela curiosidades sobre sua carreira. Com fotografias inéditas, informações sobre cada um dos discos e letras comentadas, *Pra Ser Sincero* é um livro sobre uma banda que era para ter durado uma noite só, mas que acabou escrevendo um capítulo da história do rock brasileiro, mesmo estando *longe demais das capitais*.

MAPAS DO ACASO
45 Variações Sobre um Mesmo Tema

Sem forçar a imaginação, vejo passar um alemãozinho. No *walkman*, as pilhas gastas fazem a fita girar mais lenta e a música soar meio tom abaixo. Ele ouve o mesmo Jean Luc-Ponty, tocando Cosmic Message, que rola no meu iPod. (...) Sem forçar a imaginação, passo por mim mesmo. Estranho? Sim, o passado é tão estranho quanto o futuro era. Estranhos? Sim, mas, nos olhos, o mesmo olhar."

Neste livro, Humberto Gessinger passa o passado a limpo, resgata momentos especiais da sua intimidade desde menino e conta novas velhas histórias dos Engenheiros do Hawaii, nunca antes publicadas. De Passo Fundo a Moscou, passando por "Esparta Alegre", lembranças de um futuro que ele imaginava dão forma a essas linhas conduzidas pelos mapas do acaso. Para saber qualé a dele e da sua poesia, que é pura grandeza a partir de coisas simples, é só embarcar... e seguir viagem...

Este livro foi composto no verão de 2012,
utilizando as famílias tipográficas Georgia e DustHome,
e impresso pela Gráfica Coan em abril de 2012.